Susann Klossek

Pferde wetten nicht auf Menschen

Roadpoem

Susann Klossek

Pferde wetten nicht auf Menschen
Roadpoem

© gONZoverlag 2016

Covercollage: Susann Klossek
Covergestaltung: Miriam Spies
Satz: Paula Kemp

Druck und Bindung: Alisa Group

ISBN: 978-3-944564-13-5

www.gONZoverlag.de

Der Winter war ins Land gezogen
hatte sich eingenistet
wie unerwünschte Verwandte
die schon etwas rochen
aber trotzdem kleben blieben
wie Schimmel in der Zimmerecke
scheinbar harmlos
doch nachhaltig schädlich für die Gesundheit

er gab sich keine Mühe
dieser Winter
der nicht enden wollte
und die depressiven Köpfe in
Nebelschwaden und Nieselregel hüllte
kein Wunder, dass sich die Bevölkerung
anderweitig ihren **Schnee** beschaffte

endlich

und ich

ich stand kurz vor der inneren **Detonation**
gekoppelt an eine Stoßwelle
gegen die mir nur die Flucht nach vorn blieb
wollte ich nicht unter die Räder kommen
im Getriebe der Banalitäten
zermahlen werden

letzte Ausfahrt Flughafen

raus aus der Arschfaltenbequemlichkeit
hier alles wie immer:

überteuerter Kaffee
blankgeputzte Scheiben

draußen Schweinewetter
will heißen: wolkenverhangener, grauer Schweizer Himmel
aus dem irgendwas Nasses heraustropft
höchste Zeit, der Sonne entgegenzufliegen
immer *SÜDWESTWÄRTS*, wie in Pablos Buch
das das Beste ist, was mir seit langem untergekommen war
auch wenn ich mich frage, was ein Mitzwanziger von ausgemergelten Crackhuren zu schreiben weiß
und
beim Satz
& Houellebecq, der seinen Hund auf ausgezehrte Schafe hetzt

müssen nicht nur die Schafe lachen: Clément, der alte Kurzbeinrüde
dackelte zuletzt mit seinen krummen Arthritisbeinchen
höchstens eine Runde mit Michel ums Haus
(einer lädierter als der andere)
wenn ich mit ihm spielte
pfiff seine alte Hundelunge aus dem letzten Loch
und seine lange Zunge klatschte ermattet
auf den Fliesenboden der spanischen Terrasse
mir ging es ähnlich und

Michel wollte gar nicht spielen,
war aber noch der Fitteste von uns dreien
obwohl auch er kurz vor dem Gnadenschuss zu stehen schien
damals, im

TAL DER WÖLFE

als wir nackt am Pool lagen
und Rotwein aus Zahnputzbechern tranken
und so viel Knoblauch aßen
dass uns alle freiwillig in Ruhe ließen
und uns Clément wohlwollend zulächelte

jetzt liegt er in Paris unter der Erde
mit einem prächtigen Grabstein
einem Hundekönig gleich
Michel trauert um ihn wie um eine verlorene Geliebte und ich

ich starre in den Regen und denke
wäre ich doch nur noch so jung wie dieser Pablo
der noch verklärt von Mädchenmündern und Muschis träumt
der den Alkohol auch noch verträgt
den er sich schon morgens um zehn
unter gleißender, marokkanischer Sonne einverleibt

der noch nichts weiß von den Plänen und Wünschen
die zu Illusionen werden
von den Ideen, die platzen wie fette, aufgeblasene Frösche
von den Kompromissen
von denen man sich geschworen hatte
sie niemals einzugehen

manchmal denke ich
wir haben dieses Wetter verdient
es nieselt wie das Leben dahin r

i

e

s

e

l

t

so gemäßigt und nichtssagend
geduldet wie die Steuerbehörde
aber **niemals geliebt**
verdient wegen all der Chancen
die wir verstreichen ließen
wegen der Dinge, die wir nicht getan haben
während wir es uns in unserer Gewöhnlichkeit bequem gemacht haben
und fetter und angepasster wurden

worauf haben wir gewartet?
darauf, dass die Dinge besser werden?
vielleicht sind sie besser als je zuvor und
von jetzt ab geht's nur noch

B
E
R
G
A
B

kalkulierte Risiken
vertane Zeit
nicht eingelöste Versprechen an uns selbst
falsche Treue für ein wohltemperiertes Leben

eigentlich habe ich alles, was ich will
und viel mehr, als ich brauche
vielleicht will ich aber zu wenig
oder das Falsche
immer fehlt was
explodierende Sonnen im Kopf
und zerberstende Herzen
die es wieder zusammenzupuzzeln gilt
unter Schmerz und Tränen
und der Hoffnung auf die ewige Liebe

aber meine Blutgruppe ist **NULL NEGATIV**
das lässt sich einfach schlecht vermarkten

und Pablo fragt, ob es irgendwo da draußen einen Gott gibt
und sagt, dass er besser mit dem Gedanken lebe, wenn da einer wäre
und ich muss lächeln und denke *witzig! bei mir ist's genau umgekehrt*
und dass er weiter ist, als er je wollte, schreibt er
und ich denke: *tolll ich für meinen Teil komm irgendwie nie an*

n i r g e n d s

hab wohl zu wenige Grenzen überschritten
als der Körper noch konnte und wollte
da war der Kopf noch zu feige
jetzt wäre er

R E A D Y

und der träge Körper sagt:
FICK DICH

nicht mit mir
das hätte dir früher einfallen müssen
Schluss mit lustig
jetzt ist Sofa angesagt

ZEREBRALE DIVERGENZ

und in der WOZ steht zum Tod der Thatcher: *Möge die eiserne Lady in Frieden rosten*

mitunter haben sogar Linke Humor

noch scheint nicht alles verloren

auch wenn sie mit der Zeit immer dogmatischer und spießiger werden

hin und wieder sogar zu Denunzianten

allzu oft zelebriert man irgendwann das

was man früher mit allen Mitteln zu verhindern suchte …

alle machen verkrampft auf Nachhaltigkeit

sie fegen fein säuberlich im eigenen Haus

scheißen dem Nachbarn aber in den Garten

an seinem 22. Geburtstag schreibt P.: MEINE ZEIT LÄUFT AB

Mann, Junge! Wenn du wüsstest!

* * *

M E E R

und dann das

glitzernd, verheißungsvoll
in Symbiose mit einer weißen Sonne
Füße, die aus Schuhen rausgucken
halb- und offenherzige Dekolletés

Palma die Erhabene

ich e r w a c h e

da heißt es immer
alles ist in uns und
kommt aus uns und
nur durch uns
aber manchmal liegt's vielleicht wirklich nur
an der beschissenen, mitteleuropäischen Wetterlage,
dass man monatelang in einer Art Wachkoma dahindümpelt
auf Eis gelegt
vergessen aufzutaun

ich frage mich, wie lange Buddha unter dem Bodhi Baum meditiert hätte
wenn der in der Zürcher Agglomeration gestanden hätte?

und Jesus hätte sich – in den Alpen ansässig – wahrscheinlich im Wasser versenkt
statt drüber zu laufen
das Grundklima ist hier irgendwie

suizidal

temporarily interrupted von 3 Tagen Sommer
jeder Winter ist saisonbedingt
Scheiße nur, wenn die Saison acht Monate dauert

Philosophischer Leitspruch nach Klossek:

DAS WETTER IST DAS MASS ALLER DINGE

eine Sommerromanze gestaltet sich schwierig ohne Sommer

dann das erste Auto, das mir auf dem Parkplatz ins Auge sticht
mit Aargauer Kennzeichen (kein Scherz!)
wie ist das denn ans Mittelmeer gekommen?
es bleibt einem auch nix erspart!
das wirft mich kurz zurück
aber nur kurz
ich wische den taubengrauen Gedanken weg
wie eine lästige Schmeißfliege
die einem um den Kopf surrt

dieser Wind!

dieser Duft!

Prinzip Hoffnung ergibt hier noch einen gewissen Sinn

es besteht durchaus die Möglichkeit, dass das Glas auch mal halb **VOLL** ist

Tach auch!, sagt die Libido
Na, altes Haus, lebste doch noch?, antworte ich

schon verzückt

```
        n    c
   e   t  ü  k
        r    t
```

selbst die Köter lächeln
breit von der Droge Leben
ihre dicken Klöten wippen im lauen Sommerwind
der sich gerademal einbläst

und dieses Blau des Himmels
das mit dem Türkisblaugrünsilber des Wassers verschmilzt
mein Hippocampus hatte die Existenz dieser Farben schon
von seiner Festplatte gelöscht

alles erinnert sich
an sattes Leben
verglühende Zweifel
verdunstende Tränen
das Leben ergießt sich über mich
ich trinke Sonne, die einen Flächenbrand auslösen wird

wie kann man nur so bleich werden
auch innerlich

ich steig jetzt auf eines dieser Segelboote
und steche in See
Richtung Lustland
oder nach Leckmichhausen

egal, Hauptsache weg
raus aus der Mittelmäßigkeit
und Feigheit
die Tage des Zögerns sind ein für allemal vorbei

was ist an **VERNUNFT BEGABT**?

Pferde wetten nicht auf Menschen

fragt euch mal warum!

manchmal muss man einfach abhaun
damit überhaupt was weitergeht
damit Stillstand nicht
plötzlich ins Rückwärtskriechen übergeht
es richtet sich gut ein
im eigenen Mief
am Anfang stinkt's noch ein bisschen
und am Ende denkst du, du badest in Rosenwasser

Die einzig richtige Richtung ist eine neue Richtung!

ANGST haben ist ab sofort eine **_STRAFTAT!_**

I take a picture of myself und denke: *schön! einfach schön!*
ich würd' mich vögeln wollen

noch gegen Sechs brennt die Sonne unerbittlich
und schmilzt ein paar Hirnwindungen
zu träger Masse ein
wie Raclettekäse im heißen Blechnapf
die Djarum Special schmeckt endlich wieder
verbreitet ihren süßlich-schweren Duft

Liebe und Tod auf Bali

Die EG-Gesundheitsminister:

**Rauchen fügt Ihnen
und den Menschen
in Ihrer Umgebung
erheblichen Schaden zu!**

und?
eure Anwesenheit auch, liebe Minister
wieso eigentlich EG und nicht EU?
was heißt das? eure Geni(t)alität?

I GIVE A FUCK

mir schmeckt's

DAS LEBEN IST KEIN PONYschlecken

(frei nach Dieter Bohlen)

ich rufe ein paar Leute an
um ihnen mitzuteilen
wie gut es mir geht
am anderen Ende der Leitung verstörte Gestalten
die sich nach den Namen meiner neuen Medikamente erkundigen

ich bin nicht depressiv
nur **wetterfühlig**

ich bestelle mir einen Wodka Tonic
ohne Tonic
Prioritäten setzen heißt die Devise
in die Jahre kommen ist nicht lustig
verdünnte Getränke helfen da nicht mehr weiter

während ich am Hafen in der Sonne sitze
pflegen die Anderen zu Hause
ihre Ängste und besingen die Krise
mir wird die Lächerlichkeit unseres
Überlebenskampfes bewusst
für SBB-Billette

Benzinvergünstigungen und
verlängerte Wochenenden
während wir unsere Steuererklärungen ausfüllen
und unseren Lebensabend verplanen
und dabei vergessen zu leben
nicht mehr lange und dann isser da
wir sind definitiv ziemlich spät dran

Wollen wir das Glück überhaupt?

sein Leben zu verdümpeln
auszusitzen, abzuwarten
ist die größte Sünde
die man begehen kann
wer nie seinen Sehnsüchten nachgibt
kein Risiko eingeht
lieber Lebenszeit fahrlässig verdöst
sollte wegen unterlassener Hilfeleistung
gegen sich selbst
ohne Bewährung verurteilt werden
Ängste zugeben und Träume leben
ist der Weg ins Freie
weggehen und wegbleiben hilft mitunter

schließlich machen wir vierblättrige Kleeblätter
zum Glücksymbol
obwohl wir genau wissen
dass dreiblättrige viel einfacher zu finden wären

Wen das Leben stört
der stört das Leben

vielleicht hat dieser Pablo mit allem Recht
so jung und schon so weise
vielleicht hat er auch mit allem Unrecht
Perspektiven verschieben sich
zwischen uns liegen zwei Jahrzehnte
der lange Weg der Ernüchterung
aber auch der Gelassenheit

DAS BEI WEITEM BESTE BEWEISMITTEL IST DIE ERFAHRUNG
(Erfahrung = Aneinanderreihung von Fehlern)

während sich die ausgemergelten Jogger
am Maschendrahtzaun entlang
einen Wolf rennen
stoßen die Yachtbesitzer
auf der *Atlantic Lady* mit Schampus an
das Gebälk knarrt
auf den Booten
in den Sportiven

die Namen der Schiffe klingen nach sehnsuchtsvollen Verheißungen eines Lebens, das nicht an die Wand gefahren, sondern in die Welt hinausgetragen wurde:

PACIFIC BREEZE

FAIRLINE

TRADER

QUINTESSENCE

HEAT WAVE

HARMONY

TEMPTATION

GLORY DAYS

THINK BIG

ich treffe einen Mann, er sagt von Beruf sei er Maler

bin ich auch, sag' ich, *Schwarzmaler*

nee, sagt er, er sei eher Schönredner

Blaumacher sollte man sein
mach ich grad, sagt er
bin ich grad, antworte ich
unsere Wege trennen sich wieder
Dazudichter sind wir beide nicht

warum treten Engländer immer nur in Horden auf?

und Italiener sind so laut

die Deutschen sind Deutsche
schon das reicht

ich revidiere: **DER MENSCH IST DAS MASS ALLER DINGE**

und das ist ganz schlecht
wir werden uns niemals einig sein
nicht in Abermillionen Jahren
ich bin etwas flachatmig
ob unserer geistigen Totgeburten

vor der Tür der selbsternannte Securitymann

meist im Zustand kompletter Volltrunkenheit?

auf seinem Shirt steht **CERBERUS**

wahrscheinlich lässt uns der Höllenhund rein

aber nie wieder raus

Pech jetzt, wer keine Ahnung von griechischer Mythologie hat

(wie ich: gut geblufft ist halb gewonnen)

ich schlage Frömmigs *Am Leben sein* auf Seite 38 auf,

Titel: *Neuschnee* – ich schlage es wieder zu

selbst in der Literatur ist ewiger Winter

Jahre in Gesichter geschrieben

Eisskulpturen aus Körpern gemeißelt

wo soll das bloß alles hinführen?

Zeit für einen ersten Drink

der Pool gibt sich delfinig

dahinter öffnet das Meer seinen großen, schwarzen Schlund

getarnt durch Millionen glitzernder Silberfischchen

die den Mit-dem-Strom-Schwimmer anziehen

wie Motten das Licht

ein Bierbauch schiebt sich in mein Blickfeld

Walfang hat durchaus seine Berechtigung

bloß nicht die **Neugier** verlieren!

das ist **ALLES**, was zählt

wenn die erstmal weg ist

wird's **ENG**

*Ach wie gut, dass niemand weiß,

dass ich Kaffeebohnen scheiß*,

singt die Schleichkatze in der Mittagshitze

Fahnen flattern spöttisch im Wind
ein Rentner hat seine Hose auf Halbmast

KREISVERKEHR

aus dem wir nicht mehr rauskommen
jeder Tag mehr
ist auch ein Tag weniger
das vergessen wir viel zu gern

wenn wir meinen, es ginge ewig so weiter
das kann man sehen, wie man will
für die einen kann die Reise nicht lang genug sein
während die anderen insgeheim hoffen,
sie möge doch um Himmels willen ein Ende finden

auf den Himmel zu hoffen, bringt meines Erachtens nichts
wieso es doch so viele da draußen tun
wird mir immer ein Rätsel bleiben
das Leben – das größte Rätsel aller Zeiten

UNLÖSBAR

das hat uns nur keiner gesagt, als wir den Anmeldeschein ausgefüllt haben
womöglich hat alles einen tiefen Sinn
auch die einfache Konzeption unserer Hirne, die,
könnten sie den Sinn, der allem zu Grunde liegt, fassen
in tausend Sonnen explodieren würden

wir tun das, was wir können: NIX

* * *

Jasminduft
Laubengänge
Springbrunnen und
Kirschblüten
Frühlingserwachen und Sommernächte
betörend
Tage der Verliebtheit
Schaltjahre her
und trotzdem: der Schmerz in der Brust, als sei es gestern gewesen
süßer Schmerz der Liebe
Wehmut tropft aufs Kopfsteinpflaster
wir könnten es schlechter getroffen haben
und trotzdem blieb der große Wurf aus
was ist geblieben von damals?

Ampelmännchen

Sandmännchen

Spreewaldgurken

ein Lied
ein Wort
ein Geruch
eine Geste

das infantile Erbe einer Diktatur
ach, war doch alles gar nicht so schlimm damals
das bisschen Mauer und Bautzanamo
was wollt ihr denn, Ossis?
die Selbstschussanlagen sind doch weg
darauf ein Fläschchen Rotkäppchensekt

manchmal lebt man im Hier und Jetzt
und manchmal haut einen das Hier und Jetzt dann um
denn es geht nie ohne Gestern und Dort

unsere **Fehlschläge** holen uns immer wieder ein
und schlimmer noch: auch unsere **Triumphe**
dann müssen wir uns am Wegesrand hinsetzen
und mal tief durchatmen
um nicht zu kollabieren
um nicht an der Last der eigenen Schwermut
zusammenzubrechen
und so flüchtig wie ein Augenaufschlag
sind die Gedanken, wieder verflogen
man steht wieder auf – noch ein bisschen taumelnd –

weiter

weiter

weiter

weiter

weiter

weiter

weiter

weiter

und geht weiter weiter weiter weiter weiter weiter weiter weiter weiter weiter
bis zur nächsten Niederlage

dann: ein kaltes Bier, Tapas, der Kellner flirtet
alles wieder gut, vergessen
als hätte ich das 3-Sekunden-Gedächtnis eines Goldfisches
das in Wahrheit ein Langzeitgedächtnis ist
ich bin einfacher gestrickt, als ich dachte
zumindest einfacher, als ein Goldfisch
Reisegruppen steigen in Busse
fahren zum Dinner oder zu Folkloreabenden
eine alte Frau im Rollstuhl
kaputt
gebrechlich
wahrscheinlich krank
für die ist wirklich alles gelaufen
und doch nichts vorbei
worüber beklage ich mich eigentlich?
das Fleisch war nicht medium
wie ich, mit der Zeit auch etwas zäh geworden
die Zeiten, in denen das Alter noch in Monaten angegeben wurde
sind definitiv vorbei
trotz allem werde ich verköstigt
oder runtergwürgt
alles schmeckt immer irgendjemandem

Abschied
vom Meer
einer fremden Stadt
langen oder kurzen Nächten
wie man's nimmt
im Taxi im Morgengrauen
werden Kurzzeitgeliebte zurückgelassen
Trauer oder Erleichterung
und zerfledderte Palmen ragen
wie lauernde Geier in den roten Himmel
ein letzter Blick zurück

Über den Wolken, muss die Freiheit wohl grenzenlos sein

Flugzeuge erheben sich behäbig wie fette Drohnen
um ihre Fracht an Orte der Langeweile zu transportieren
die Sprache wird wieder (schweizer)deutscher
man guckt sich um und denkt: *Mit denen will ich jetzt aber nicht abstürzen!*

im Flieger, 8:55 Uhr, isst einer Currywurst
die Perversionen kennen keine Grenzen

was hattest du da genommen, Mey?
hab auch schon bessere Texte gehört
nichts ist beklemmender
als mit 200 anderen Individuen
in einer engen Boing 737 mit:

fehlerhafter Prozedur beim Auftragen eines Anti-Korrosions-Anstrichs an einem Bauteil des Heckleit-werks (NZZ 17.4.2013)

KEIN ENTKOMMEN

eingesperrt zu sein

die meisten Dinge sind nur halb so romantisch
wie man tut
und wenn man dann die Wahrheit sagt
ist's auch nicht recht
dabei beten immer alle das Mantra der Ehrlichkeit

be authentic!

und wenn man's dann ist
ist die Kacke am dampfen
und sie sagen: ***SO GENAU WOLLTE ICH'S JETZT AUCH NICHT WISSEN***
dann wird das Buch zugeklappt
und sie dreh'n dir den Rücken zu und
verdrehen die Augen
und widmen sich wieder ihrer eigenen Welt

ein bisschen Selbstbetrug und Scheinheiligkeit haben noch keinem geschadet
die Frau ist doch krank!

alle haben ihre Wahrheit
und vielleicht haben sie Recht
aus ihrer Perspektive betrachtet
und ich hab auch Recht

wir haben alle Recht
Recht haben ist ja noch lange nicht Recht kriegen
schon gar nicht geben
das wäre dann doch zu viel verlangt
im Grunde haben immer alle Unrecht
außer man selbst
vielleicht ist Recht nur eine Erfindung jener
die nichts zu melden haben

doch weder Lobeshymnen
noch die vernichtenden Kritiken
verhindern den nächsten Satz

mit nichts ist das nächste Wort zu kaufen
und mit nichts ist es zu zerstören
das, was geschrieben ist
spielt keine Rolle mehr für das
was geschrieben wird

ihr könnt meine Schreibe lieben oder hassen
es ist egal
sie entsteht mit jeder Silbe
mit jedem beschissenen kleinen Wort
mit jedem verdammten Schachtelsatz von neuem
anders
noch nie dagewesen

gebt euch so viel Mühe wie ihr wollt
mich zu bauchpinseln
oder mich in den Dreck zu ziehen

die Sprache überlebt uns alle

das Flugzeug liegt ruhig in der Luft
und die Currywurst verwandelt sich gerade in das
wonach sie schon auf dem Teller aussah

Zürich meldet einen wolkenverhangenen Himmel
ein Tor, wer anderes erwartet hat
auch wenn die Hoffnung zuletzt stirbt, sie stirbt

on your right side you can see the Mount Blanc and the Mätterhourn too

* * *

Zürich die Versnobte

1. Mai Kampf- und Feiertag der Werktätigen
es hat sich ausgefeiert
und gekämpft erst recht
in Zürich werden Mao-Plakate hochgehoben
manche Idioten lernen's nie

JEDER NACH SEINEN FÄHIGKEITEN, JEDER NACH SEINEN BEDÜRFNISSEN (KARL MARX)

dummerweise wurde es genau so gemacht
das ging ja mal richtig in die Hose

in meinem blauen Mäntelchen
sehe ich heute wie eine Politesse aus

Gestatten, Annette Winkelhuber, ich werde heute besonders viele Knöllchen verteilen!

es leben der 1. Mai und die falsch geparkten Bonzenschlitten!
womöglich wird es aber auch ein paar tiefergelegte 4er BMW
des einen oder anderen Asylbewerbers oder Sozialhilfeempfängers treffen

aber die Revolution verlangt halt ihre Opfer

Denn: **NICHTS IST WIE ES SCHEINT**

Socialismo o muerte!
Viva la Revolución!
Avanti popolo, bandiera rossa
für Marx, für Engels, für Mao Zedong
für Frieden und Sozialismus, seid bereit!
Ho, Ho, Ho Chi Minh
Ha, ha, hatchi
Heil dir Cäsar
hoch das Fäustchen
Hossa! Hossa!
Fiesta Mexicana

wo ist eigentlich Uli Hoeneß?
und wo das ganze Geld?

und wer bezahlt die Nach-Demo-Müllentsorgung?

die Stadt!

also ihr, ihr Deppen!

auch ich ging einst auf die Straße
blankgeputzte Wackersteine und

WIR SIND DAS VOLK!

Aug in Aug mit einem Panzer der Marke T-72M
da weißt du, was das Stündlein geschlagen hat

heute taugt die Straße allenfalls zum Prostituieren
wir haben für das gekämpft
was wir glaubten
verdient zu haben
und genau das gekriegt
besser kann's uns nicht mehr gehen
zumindest explodieren unsere Textilfabriken heute in Bangladesh
während wir in unseren umzäunten Reihenhäuschen
langsam verblöden
Kampf dem Kapital

aber meins bitte nicht verteilen
ich brauch doch das neue iPhone
oder sollen sich die Foxconn-Arbeiter
umsonst von der Brücke gestürzt haben?

der, der ohne Sünde ist, werfe den ersten Wackerstein

I dream of being famous
walking down the streets of Paris, Tokyo and New York
I dream of sitting in expensive restaurants
drinking good wine
and meeting smart and beautiful boys in hotels in Indochina
and it doesn't matter any longer
that I'm middle aged and overweight

I'd like to sit at the sea for no reason
watching the stupid sun going down and rising up
I'd have dinner with important people
who make the world go round
asking me for advise
while I make contacts with my legs
under the table

* *

*

ich verfliege mich nach

Konstantinopel

das osmanische Heer auf Linie bringen

der Flieger ist spät dran
die *Swiss* ist *ohne* *Air* auch nicht mehr das, was sie damals *mit* war
Grounding ist ein anderes Wort für Bruchlandung
am Gate türkische Großfamilien
und Holländer
die schauen am Laptop
die Krönung von Willi
kann man einem Volk trauen,
dass noch auf einen König setzt?

andererseits haben sie die Coffeeshops erfunden mit **heerlijke koekjes**

die Meute stellt sich an
obwohl kein Flug aufgerufen wurde
gerade so, als ginge es um die letzten Plätze auf der

ARCHE NOAH

een punt voor Nederland
un point pour les Netherland

der Kapitän, dutch too
(der fliegende Holländer sozusagen – Kalauer des Tages)
mit dem Antlitz eines jungen Stalins
ein Mann, Mitglied der Schweizer Schnauz(bart)-Fraktion
weist seine Gattin in die muselmanische Tradition ein:

ab sofort darf sie 5 Meter hinter ihm herlaufen

REFERENZEN – TURBULENZEN – KONSEQUENZEN

wir wackeln uns durch Turbulenzen
hier oben und im Leben

und wieder trotzen wir dem Wolkenmeer
noch kriegt es uns nicht
der Himmel ist nur zum Durchfliegen geeignet

meine Lektüre: *Das Glück ist ein brennendes Flugzeug*

da würde ich doch glatt mal auf das Glück verzichten
hat sich eh lange nicht mehr blicken lassen
kann ruhig noch 'ne Runde woanders drehen
auf dem Rücken der Pferde liegenbleiben

immerhin enthält die Pasta kein Schweinefleisch
so steht es zumindest geschrieben
und das geschriebene Wort wiegt bekanntlich schwer
das lehren uns schon Bibel und Koran

Bibel
Talmud
und Koran
heizen das Feuer
erst richtig an

apropos brennend …

von Pferdefleisch ist übrigens keine Rede
also aufgepasst vor dem Schaf im Wolfspelz
dann wandert ein geschenkter Gaul
ins vor Erstaunen aufgeriss'ne Maul
dieser Tage ist alles möglich

Istanbul die Zwiespältige

City of Cats

um uns ihre Waren oder sich anzupreisen
die Kater (auch die menschlichen) singen des nachts ihr Minnelied auf ihre Geliebte
am Morgen stimmt der Muezzin ein

und Männer, die wie türkischer Honig an uns kleben

und mahnt zum Gebet
es klingt so kläglich
als müsste ihm mal ordentlich einer geblasen werden

in der *Hagia Sophia* trägt Frau neuerdings zwangsweise wieder Kopftuch
Erdoğan kennt kein Pardon
(später, im Juni, bläst er das Volk mit Wasserwerfern von der Straße
mir kommt das Tränengas)

Orientierungslosigkeit zwischen Okzident und Orient

und sowas will in die EU
wolle mer se reinlasse?

ich revidiere: ich habe **Glück**, sogar großes Glück
ich könnte auch eine dieser bedauernswerten Burka-Trägerinnen sein
die sich wie Mahnmale der Unterdrückung
durch die verstopften Straßen schleppen
man neigt dazu, die Durchsetzer dieser Kleiderordnung zu steinigen
so gesehen würden fliegende Pflastersteine
durchaus mal Sinn machen

vom **Agnostiker** zum **Atheisten**

ich konvertiere jetzt

damit ist zwar noch immer nichts bewiesen
aber ohne fühl ich mich einfach besser

die Schöne erstrahlt im Morgentau
erwacht aus Tausend und einer Nacht
die 1002. ist schon lange angebrochen
die alte Dame glitzert in der Sonne
und hustet sich im Smog die Lunge raus
im Harem des Sultans
kichern blonde Touristinnen
als sei es erstrebenswert
die 108. Haremsdame zu sein
Sklavin auf golddurchwirkten Kissen
in Pluderhosen
dem Sultan zu Willen
in der Schlangengrube seiner Mutter

später geht Papi im Basar *verloren*
(er hat das Geld dabei)
und Mami wackelt mit den Hüften
für den Lederhändler
, der noch nichts verkauft hat heute
das Battle ist eröffnet
wird Mami über den Tisch

oder der Ziege das Fell über den Kopf gezogen?
am Ende knapper Sieg für Mutter
wilde Jagd durch endlose Gänge
die ins Nichts zu führen scheinen
oder ins Verderben
Gerüchte
Geheimnisse
Gewissensbisse
ich kaufe – also bin ich

Istanbul betört
Istanbul verstört
Liebe zwischen Kontinenten
die nie wirklich zueinander finden

* * *

LIFE IS A JOURNEY BY CAR
NEVER STOP
JUST CHANGE THE VEHICEL

Zeit, wieder loszuziehen

Reykjavik die Gemächliche

Grüße aus dem Nichts
helle Nächte
schlaflos
schweigend
wie ihre Bewohner
keine Vermischung der *Rassen*
sowohl bei den Insel-Pferden
als auch bei den Insel-Bewohnern

verloren im Atlantischen Ozean

endlose Weite

WHEN YOU TRAVEL IN ICELAND YOU SEE A LOT OF WATER

unauffindbar

die Erfindung der L AAAAAAAAAAAAAAAAA N G S A M K E I T

Stille

das Wetter ist hier wie in der Schweiz: 8 Monate Winter und der Rest kein Sommer

in den Geschäften ein Hauch von Vintage
Kleider im 70er Jahre Stil
Roben für die anspruchsvolle Geisha
und Björks abgelegte Bühnengarderobe

all diese Unfälle, die geschehen, Ausnahmezustände, ist das, was ich möchte

singt Björk, das kleine geile Luder
das muss am seltsamen Essen liegen

wer sich neu erfinden will, wo, wenn nicht hier

ein Paradies für Inzestler oder Freunde des Geschlechtsverkehrs mit einem Schaf

moosbezogene Ebenen
die Erde dampft und speit
als stünde ein überdimensionaler Dampfkochtopf
kurz vor der finalen Explosion

ich fühl mich **ERDIG**

Feen und Trolle warten auf ihren Auftritt
ich habe ein Rendezvous mit einem Geysir

alles andere ist **Kür**

rothaarige Männer mit Rauschebärten und glänzenden Federumhängen
Frauen bepelzt mit Steinbock-Hörnern auf den stolzen Häuptern
ich würde sie alle ran-
mich roh und hart zureiten lassen
quasi **Pflicht** in diesem Klima

If you ever get close to a human
And human behaviour
Be ready, be ready to get confused
And me and my hereafter

There's definitely, definitely, definitely no logic
To human behaviour
But yet so, yet so irresistible
And me and my fear can
And there's no map
and a compass
wouldn't help at all

(Björk)

Iceland
beautiful Island
im Nichts
ich könnte auf dir verschwinden

ohne auch nur eine SPUR zu hinterlassen

* * *

SINGLES TREIBEN DIE MIETEN IN DIE HÖHE

Schlagzeile des Tages

die Juden
die Schwulen
die Neger
die Ausländer
die Frauen
die Sozialschmarotzer
die Dicken
die Ossis
die Prostituierten
die Raucher
die Besserverdiener
die Ungläubigen
die Autofahrer
die Kinderlosen
die Singles

alle **SCHULD**

und vor wem man sich wirklich in Acht nehmen sollte:

was kommt als Nächstes?

Versicherungsvertretern
freilaufenden Nilpferden
Telefonverkäufern
Verkäufern von Telefonen
Verkäufern an sich
Frauen mit Louis Vuitton Taschen
Männern mit Oberlippenbart
Briefmarkensammlern
Gartenzwergfetischisten
Kampfhunddompteuren
Homophoben
Leuten, die mit Nazis schlafen
Widerkäuern
Schaumschlägern
Hobbypsychologen
Scientologen
Katzen, die sich vegan ernähren
Partnerschaftsvermittlern
parteitreuen Chinesen
Kugelfisch-Köchen
Angstschürern
Drückebergern

Mit-dem-Strom-Schwimmern
psychopatischen CEOs
also CEOs
Arschkriechern
Rückwärtsdenkern
Religionsfanatikern
Weight Watchern
Kostverächtern
Pfennigfuchsern
Management-Coaches
Guantanamo-Betreibern
Kim Jong-un
Inzestlern
Schafen im Wolfspelz
Denunzianten
Typen mit Filzläusen
Drehtüröffnern
Flugzeugträgern
Hosenträgerträgern
Finanzjongleuren
Clownschulschülern
Waschküchenbewachern
CIA-Mitarbeitern
MIR

*
*
*

Montagmorgen-Grießgram macht sich breit
obwohl heute doch Dienstag ist
der Mai trägt sein Novemberkleid
dieses Geschwätz
Tastaturgeklapper
lautstarke Telefonate zu IT- und Verdauungsproblemen

und dann Mozart!

oooh, Joannes Chrysostomus Wolfgangus Theophilus

Wolferl, du versautes Genie.
Freddie Mercury des 19. Jahrhunderts
du bist eine Reise nach Italien
die Begegnung mit dem Kontrapunkt
Aspergersyndrom der Musik
Konzertmeister meines Innenohrs
flötender Zauberer
verzauberter Flötrich –
blas! streich! marsch!

mein Leben gleicht diesem Einstimmen
der Instrumente
die darauf warten
die Uraufführung einer
großen Sinfonie zu geben

Rondo concertante für Vagina und Büste
fagotte, oboe und horne mich
Kassation in der Kammer
und unter freiem Himmel
Notturno und

DIVERTIMENTO !!!

doch da klopft sie schon wieder an
die Realiät, die verfickte
Sonntagabend allein im Hotelzimmer

Bern die Scheintote

das Gehen fällt schwer
denn die Bürgersteige sind hochgeklappt
Bern – Sitz der sieben Zwerge
da möcht ich nicht Schneewittchen sein
der Prinz verlustiert sich

an lauschigen Aare-Plätzen
und die Bären im Graben
reißen einen Touristen
Mischa und Mascha fressen ihre Jungen
mehr ist grad nicht los in der Hauptstadt

die Dame an der Rezeption wünscht GUET NACHT
das ist durchaus wörtlich zu verstehen
zum Glück bin ich nicht suizidgefährdet

das Zimmer: 180 Franken
dafür ist es aber winzig und kalt
was tut man nicht alles für die paar Brötchen auf'm Tisch!

Die *Zytglogge* läutet mir heim
sollte ich mir einen Callboy bestellen?
doch ich habe dunkle Ränder unter den Augen
Überbleibsel der letzten, kurzen Nacht
oder langen
wie man's nimmt
der Geliebte, nennen wir ihn N., hat sein Bestes gegeben
war in Hochform sondergleichen
das ist doch glatt ein Gedicht wert
Sehnsucht und ein unbeheiztes Zimmer
die ideale Voraussetzung für Poesie und

du löst Wolkenbrücke aus
und Tsunamiewellen
die mich noch zwei Tage später überschwemmen
ich steh im Wald
im Regen
zwischen den Stühlen
auf dem Schlauch
bis zum Hals im Wasser
knietief in der Scheiße
und in deiner Schuld
so viele Blowjobs kann ich gar nicht ableisten
um dem gerecht zu werden
was du mir gerade antust

immer dann, wenn man denkt, da kommt nichts mehr
fängt alles von vorne an
und man denkt nicht mal dran
sich zur Wehr zu setzen
obwohl man es wirklich besser wissen sollte
doch als hätte man das Gedächtnis eines Goldfisches

(*Goldfische war zweimal, da müssen wir einmal abziehen.
Sie sind der Meinung DAS WAR SPITZE!*)

der sich jede Minute neu erfinden muss
und doch immer nur ein Goldfisch bleibt

lässt man sich auf Dinge ein
die die Strichliste des Scheiterns
noch ein wenig länger werden lassen

ich fühle mich wie vom Traktor überrollt
und ich lass mich gern vom Traktor überrollen
und von der Mähmaschine
vom Schneepflug
und vom 20-Tonner
zermansch mich
zerquetsch mich
kratz mich wieder zusammen
immer wieder
ich flehe dich an
mach was du willst mit mir
aber hör um Himmels willen nicht auf damit

hättest du Verstand
ich würde ihn dir rauben

was wäre das Leben ohne **fleischliche Lust?**
schon deshalb eigne ich mich nicht zum Vegetarier

dann für den Moment doch lieber Tee
(mit einem Löffelchen einer illegalen Substanz vielleicht)
draußen Regen, 7 Grad
dabei ist morgen Juni
wenn das so weitergeht
steuern wir auf die nächste

EISZEIT zu

ein paar Herzen hat's schon erwischt

der nächste Morgen kommt zerknautscht daher
das Frühstück noch nicht parat
Du musst ihm zeigen, du bist der Rudelführer, sagt die Frau am Nebentisch
manchmal ist es ganz einfach
man kommt nur zu selten selbst drauf

Alles ist möglich
wiegt genauso schwer wie
Nichts ist möglich
ich werde niemals eine Million auf meinem Konto haben
und *Sag niemals nie*
ist ein Spruch für Leute
die an den Weihnachtsmann glauben
oder an Gott

ich bin kein Graffiti-Künstler
und fürs Ballett bin ich zu schwer
man kann auch keine Kinder haben
und keine Karriere machen
für vieles bin ich über dem Jordan
doch es liegt nicht in meiner Natur
mich einfach auf die Seite zu wälzen
und zu sterben

ich habe immer nach einem roten Faden gesucht
in meinem Leben
und ich denke: *das ist er*

Großer Gott, wo sind wir nur gelandet?!

und dann im Bahnhofsrestaurant versehentliches Treffen mit dem Ex:

Gut siehst du aus, sagt er und und nippt unbeteiligt an seiner Kaffeetasse
ich weiß, wenn überhaupt, so ist er höchstens physisch anwesend
und das ist mittlerweile auch nicht mehr unbedingt erheiternd

es gibt Macken, die findet man am Anfang einer Beziehung noch putzig
später kommt man nicht umhin, nur noch angewidert zu sein
im Grunde hatte ich nichts gegen ihn

einfach eben auch nichts für ihn

gut, er sieht noch immer besser aus als der kümmerliche Rest aus

aber letztlich reicht das nicht aus, um nochmal eine Ehrenrunde zu drehen

CUT

ich lese das Feuilleton quer

gerade wäre auch nicht auszuhalten

ach! wie ich sie über habe

die Weicheier der so genannten **echten** Literatur

mit ihren Nettigkeiten in schlechter Sprache verpackt

Möchtegernausbrüche aus einem banalen Hausfrauenalltag heraus

ohne Abgründe

ohne Dreck

ohne Mut

ohne Leidenschaft

einsame Herzen, denen nur eins fehlt: Herz

Herbstblumengesäusel

und provinzielle Betroffenheitslyrik
Austausch beschränkter Köpfe
die vorgeben, Freigeister zu sein

Meister des rückwärts-gekräuselten Wortes
Schönredner
Porträtisten
Feuilletonisten

deren Welt an den Grenzen ihres eigenen Gesichtsfeldes endet
albern lächelnd frönen sie der Schaumschlägerei
ergötzen sich an ihrem leeren Gerede
sinnentleerte Sprache

Titel – Thesen – keine Temperamente

und Dieter Moor wechselt den Vornamen
keine Fragen
noch weniger Antworten
Cholera und Pest der Sprache
die Zahl jener
die progressive Texte verstehen, ist rar
die Literatur bemühe sich um eine bessere Zukunft!
und stelle gefälligst klar
dass die Gegenwart schlecht ist
doch wir finden nur

adrett gekleidete Luschen
die sich für aufmüpfig halten
wenn sie den Terminus *Liebe machen* bemühen
FICKEN heißt das*, schreit's aus dem Off
literarische Ergüsse ohne den Akt im Kopf
sind wie vorgetäuschte Orgasmen
nichts Echtes

nichts, das auch nur eine Stunde überdauert
abgedroschene Ansichten
seichte Plaudereien
pseudointellektuelles Geschwurbel
dem nicht mal sie selbst folgen können
sie schreiben für die Tonne
und selbst die tut beleidigt
auch wenn das Zeug biologisch abbaubar ist
politisch korrekt bis zum Erbrechen
das steht noch über der Wahrheit
über der Lust
wo bleiben der Schmerz?
der Regelverstoß?

Einheitsbrei zwischen Pfefferminztee und selbst gebackenen Plätzchen

während Leserinnen mit glasigen Augen
den Monologen ihres Meisters lauschen

vielleicht sollte ich

Achtung! Selbstkritik!

weniger darüber schreiben
wie Dichtung sein sollte
und einfach meine
Arbeit machen

der sich selbst für einen Gott hält
sollen wir langweilige Details aneinanderreihen?
dafür gibt es Fachidioten

fast alle Schreiber halten sich für verkannt (mich eingeschlossen)
dabei schreiben sie einfach nur schlecht
kein Stil
keine Natürlichkeit
nur Fassade
umzingelt von Schutzschildern
hoch und breit
wie die Berliner Mauer

auch ich würde gern einen Bestseller landen
nicht des Berühmtseins wegen
nicht des Geldes wegen
aber um es all den selbstgefälligen Arschlöchern zu zeigen
die nur ein spöttisches Lächeln für mich übrig haben

allerdings neigen auch wir
Ratten aus dem Underground dazu
von oben herab auf den Rest der Welt zu gucken
wir können ja schön große Töne spucken
und alles, was nicht wie wir tickt, ablehnen
wir können die Spießer
oder die Kapitalisten

verachten

und auf die Regierung einhacken
als handele es sich um Schwerverbrecher
wir sind cool und doch irgendwie konservativ
renitent und doch schwimmen wir geschmeidig mit dem Strom
vor unserer eigenen Tür wurde schon lange nicht mehr gekehrt
wir bekämpfen das System
in dem wir es uns aber doch bequem machen
es ist, als würde die Made im Speck motzen
weil sie keinen Serrano-Schinken gekriegt hat
wir haben uns eingerichtet
auf dem muffig-warmen Sofa der

Selbstgerechtigkeit

und während wir von unseren Balkonen
ins Abendrot glotzen
das nächste Bier öffnen
und übergroße Eiswürfel in den Gin Tonic fallen lassen
basteln wir schon an unserer Ausrede

um nicht selbst aktiv werden zu müssen
große Reden schwingen kann jeder
doch sollen Taten folgen
ist meist Sense
manchmal ist die Welt der Kleinbürger toleranter
und sind Bonzen menschenfreundlicher
und Proletarier intellektueller
als wir Möchtegernrevoluzzer und Salonlöwen
die sich zwar gern von Ihresgleichen feiern lassen
aber auch schnell auf alles spucken
das ABWEICHT
ich ziehe jetzt in ein Loft
und kaufe mir einen Gartenzwerg
und werde auf beides stolz sein

damit wäre die Selbstreflexion für diese Woche erledigt

im Bahnhof werden Katjes-Schaumgummis in Pilzform verteilt
als Werbung für Fußpilz-Salbe

WOHL BEKOMM'S

*   *   *

generell wird man eher wegen des Lebensstils bewundert
als dafür
was man hervorbringt

wir sind von trauriger, direkter Lebenskraft erfüllt
und tragen ein Stigma auf der Fresse
sie benutzen uns
um ihre Leere zu füllen
man wird für das Abtrünnige verehrt
für die Scheiße
in die sie uns erst reingeritten haben
weil wir ihre dreckigen, falschen Visagen
einfach **nicht mehr ertragen** konnten
du gibst ihnen Kraft
mit der ganzen Energie deiner Kunst
aber sie gönnen dir nicht die Scheißbutter auf dem Brot

am Anfang klopfen sie dir noch auf die Schulter
weil sie sicher sind
du bist eine Eintagsfliege
die nur einen versehentlichen Wurf gelandet hat
doch später hassen sie dich
für jeden noch so kleinen Erfolg
sie wollen dich lieber scheitern
oder besser noch
tot umfallen sehen

umgekehrt ist es natürlich genau dasselbe
es ist schwierig
in ein und derselben Realität zu existieren
heutzutage beansprucht jeder die Rolle des schwarzen Schafs
doch am Ende sind wir alle wieder gleich
ein vom Herdendrang am Arsch gekriegtes Etwas
mit Verstopfung
der Steuer
Zahnschmerzen
Beziehungsproblemen
und der Angst zu kämpfen
Geschacher ums Geld
schmutzige Wäsche
die Angst
alt zu werden

geistiger **EXITUS**

doch sie sind heiß auf den Dreck
und das Abtrünnige
den Alkohol
die Drogen

dann können sie sagen:
ich hab's doch gewusst
dass der Versager mal so endet

Sex und Skandale
solange es in sicherer Entfernung stattfindet
sie nicht selbst Türen aufbrechen
und Nächte in der Notaufnahme
an Betten von Leuten hocken müssen
die sich am nächsten Morgen
an nichts mehr erinnern
die an all dem nicht wirklich Spaß haben
weil nach all dem Stoff
die Welt immer noch da ist
weil es nach dem Hoch
auch immer wieder runtergeht
und man schlecht zu gebrauchen ist
als normaler Bürger
der seine Pflichten ausübt

alles ist eine Falle:

MÄNNER
FRAUEN
DROGEN
SCHNAPS
ARBEIT

da helfen auch keine Nahrungsergänzungsmittel

und doch: **Tot sein, bevor man stirbt, ist etwas Grässliches**

um geliebt zu werden
muss man ein Sieger sein
oder ein derartiger Verlierer
dass einen alle **retten** wollen
dazwischen geht gar nicht
normal sein ist inakzeptabel
verhalte dich unauffällig und gemäßigt
und es dauert nicht lange
und du stehst alleine da

(dann wäre das **ZIEL** im Grunde erreicht)

* * *

da heißt es schnellstens verschwinden
auf zehntausend Metern singt Dionne Warwick

... ALL THE TIME

ALL THAT WASTED TIME ...

dem gibt es nichts mehr hinzuzufügen
bis 3 Uhr morgens die Sitznachbarin kollabiert
Tod über chinesischem Luftraum
kein schönes Ende
Frau Kim überlegt es sich in letzter Minute anders
kommt noch mal wieder, will es nochmal sehen, das

LAND OF THE MORNING CALM

Seoul die Blankgeputzte

schwüle heiße muffig-feuchte Luft
die einem entgegenschlägt
ein Gemisch aus Abgas, Lotos, Jasmin und eingelegtem Rettich
und Robert De Niro, der von Casino-Werbeplakaten grinst
als gehöre er hierher

im Marriott, genauso hässlich wie überall
lassen sich die Gäste vom FrühstücksBUFFET BEDIENEN

Dekadenz kennt keine Grenzen
(ich liebe Dekadenz)
der Jetlag nagt
an der Seele
im Kopf

Schweiß rinnt in Bächen aus dir raus
vieles geht

manches einfach auch nur

LOST IN TRANSLATION

LOST IN TRANSPIRATION

und der Kellner zelebriert den Gangnam Style

```
        Na je nun ta sa ro un in gan jo gin yo ja
Ko pi han ja ne yo yu rul a neun pum gyo gi nun yo ja
Ba mi o myon shim ja ngi tu go wo ji nun yo ja
        Gu ron ban jon i nun yo ja
             Oppan Gangnam Style
                Gangnam Style
     Op op op op oppan Gangnam Style
                Gangnam Style
     Op op op op oppan Gangnam Style
                   (PSY)
```

ÜBERNAHMESCHLACHTEN

ich werfe ein Lächeln ins Volk
man scheint noch unentschlossen
es zu erwidern
ich erkunde die Orte zu Fuß
je nach Größe des Ortes ein dämliches Unterfangen
auf der Karte das Ziel immer im eigenen Gebiet
manchmal bedarf es aber erst einiger

bis man endlich ankommt
mitunter nimmt man auch ungeplant
fremdes Terrain ein
trutzig in den Weg gestellt
erobert Straßenzüge
Brücken
Flüsse
Shoppingcenter

in denen gerade Ausverkaufs-Kriege geführt werden
dann heißt es schleunigst Rückzug
wenn man nicht als

KOLLATERALSCHADEN

draufgehen will

zu Hause ist es 4 Uhr morgens
Belästigungen von drüben
sind also ausgeschlossen

VERLOREN IN DER ZEIT

WELCH GROSSES

GLÜCK

Hitze
Staub
Mauern mit Stacheldraht

**US GOVERNMENT PROPERTY
NO TRESPASSING**

(ist auch keiner interessiert daran)

Green Food Zone
Damen mit Sonnenschirm
Supermärkte, so groß wie die Schweiz

Tradition nur noch hinter Palastmauern
U-Bahnen vom Dreck Mensch gesäubert
OP-clean
verglaste Bahnsteige
damit sich kein vergrämter Manager vor den Zug stürzt
Energieengpässe
Innenräume auf Weisung der Regierung
auf lauschige 28 Grad gehalten
draußen gefühlte 45
darauf einen Soju
und

GEON-BAE!

im Schatten des Bergs Bukhansan
singt der Generaldirektor Opernarien
in der Stille des Tempels
wird der Geist leer
Räucherstäbchen brennen sich ab
verlöschen ohne großes Aufsehen
wäre der Mensch doch dazu fähig
weiße Blüten fallen zu Boden
Stille, Frieden, Zeichen von Glück
ein Mönch schlägt die Glocke
*luck and money and love for you …
… and a small donation for me*

in der Stadt alles hochtechnisiert
der Mensch bald überflüssig
es ist wie mit der Zeitverschiebung
Asien geht voraus
das Abendland hinkt hinterher
hat nichts mehr zu melden
ist weg vom Fenster

I think we can't be friends
I am a visitor
not permanent

das Volk wälzt sich selbstzufrieden in Kimchi
während die Brüder und Schwestern drüben verrecken
über allem hängt die rote Sonne von Seoul
und der Feind winkt vom Norden kurz rüber
während er an der Atombombe bastelt

Buddha und Jesus lächeln zufrieden
alle sind nett zueinander
die Straße ist gefegt
und der Won rollt

* * *

da heißt es gleich wieder abhaun
gar keine Pause einlegen
rein in den Flieger
und raus aus allem

Nessebar die Romantikerin

A PLACE WHERE ODD ANIMALS STAND

Weltkulturerbe unterm roten Abendhimmel
alte Steine
auf Sand gebaut

Sonnenstrand
Sonnenbrand
immer Sonne
auch nachts
Rummelplatz der Absurditäten
Remmi Demmi in Rimini made in Bulgaria

letzte Ostblock-Frivolität
mit der noch alles möglich scheint
Verbote noch verboten sind
Lärm und RamTam

bis spät in die Nacht
Kleinkinder, die lernen
wo's später mal langgeht im Leben
rauchen erlaubt
auch illegale Substanzen
Kippen im Sand
ins Meer pissen
und Coitus interruptus bei Flut
alles egal
Penka räumt später auf

80-er Jahre Hits

die über bruzelnde Leiber schwappen
auf sanften Schwarzmeerwellen davongetragen
auf die nächste Steilküste prallen

Ferienlaune in heißem Sand
klimbim- und koksdealerfreie Zone
einfach mal so daliegen

Menschenmassen im Rhythmus des Lebens
Achterbahnfahrt der unterdrückten Emotionen
alles muss raus
hier findet alles noch statt
was bei uns schon lange untersagt ist

every breath you take

and every move you make

every bond you break

every step you take

I'll be watchin' you

ohne Kaufzwang
ohne Kopulationszwang
ohne Verpflichtungen

Erinnerungen an unbeschwerte Kindertage
im sozialistischen Bruderland
Leute, die gut drauf sind
einfach so
und nett ohne falsches Lächeln
antrainiert in Rhetorik-Kursen

Gedanken zerstäuben
wie der Inhalt einer 3-Wetter-Taft-Dose
hie und da ein Aufblitzen einer blanken Brust
schöne Jungs
Testosteron-Bomben kurz vor der Detonation

die wie Hyänen auf Beutefang
durch den heißen Sand gleiten
mit hängender Zunge
und Gier im Blick
oder Selbstverliebtheit
die mitunter in ein Gehetztsein umschlägt
doch keinen Schuss zu landen

vom Jäger zum Gejagten zu werden
erlegt am

Slantschew brjag

am Nachmittag das Meer
aufmüpfig
aufgewühlt
hochgepeitscht
wie die Körper der Badegäste
schon bis zur Gürtellinie
mit billigem Alkohol abgefüllt
der Eichstrich kurz unterm Adamsapfel
Wellen- oder Erbrechen

der Gatte im Dauerplädoyer
ein Zustand, der schon seit Jahren anhält
er zündet mir eine Zigarette an
das war dann das einzige Feuer
das an diesem Tag zwischen uns brennen sollte

zärtliches Umspielen
willkommene Belästigung
durch Schlingpflanzen
auch menschliche

weiße Mitteleuropäer-Haut
rosarot
wie die zarte Speckkruste
eines kürzlich auf den Spieß gebohrten Spanferkels

BOHREN würden sie alle gern
die braven Familienväter
mit den sanft im Wind wippenden Klöten
spärlich bedeckt von imitierten **BOSS**-Badehosen
die verstohlen knapp bekleideten Skandinavierinnen nachäugen
und Russinnen im Stringtanga
die das Gesäß einen Deut zu sehr wackeln lassen
in Begleitung mafiöser Schlägertypen
mit hässlichen Tattoos
auf Anabolika-Armen
mit Sand im Getriebe
und Flausen im Kopf

hoffen alle auf den **finalen VOLLZUG**

wie ein Waran auf Beutezug
äugte der Gatte in alle Himmelsrichtungen
wobei er es tunlichst vermied
dass sein Blick
den der Gattin kreuzte
die sich

hinter dem Algenteppich
(eine Alge im Schritt ist besser als nichts)
im seichten Wasser stehend
zu Tode winkte

(Schriftart: Akzident Grotesk)

ein älterer Herr in Unterhose
stakst wie Storch Adebar
die Sandbank auf und ab

*Schönes Froillein, darf ich's wagen
Euch mein Gehänge anzutragen?*

*Bin weder schön noch Fräulein mehr
versuch er's woanders
ich bitte doch sehr!*

hin und wieder war ein erstaunt ungläubiges
belustigtes oder leicht angewidertes Zischen zu vernehmen
dass sich nur durch den in Ansätzen veränderten
Gesichtsausdruck unterscheiden ließ
sein Kopf wackelte gleichförmig
mit den Technobeats
wie der Kopf eines Wackeldackels
im 70er Jahre Peugeot
(Beschreibung des Gatten bei der Strand-Lektüre)

Karriere fügt Ihnen und Ihrer Umgebung erheblichen Schaden zu und kann tödlich sein

Synapsen mit dem Vorschlaghammer bearbeitet

am Morgen Handtuchkrieg am Pool
Beanspruchung fremder Territorien
die 6 Uhr morgens großzügig
abgesteckt werden
bereit
sie bis aufs Blut zu verteidigen

später dann iPhones zwischen Mini-Lautsprecher gequetscht
akustischer Restmüll für den Pauschaltouristen
und zu Hause hat sich der Swisscom-Chef das Leben genommen
(ich kannte ihn gut)
hatte er zuvor so einen Urlaub gebucht?
ruhe in Frieden C. S.

und wir, wie hypnotisiert
ja paralysiert
saßen wir unterm Sonnen-Baldachin
und starrten entsetzt aufs gemeine Volk
ein zünftiger Schnitt durch die
mittel- und osteuropäische Gesellschaft
kein Wunder

dass das Abendland seinem **Untergang** entgegensteuert!

dann wieder stupider Technosound

hämmert einem den Irrsinn ein
oder die Scheiße aus dem degenerierten Hirn raus
Technomusik
erfunden von Leuten
die keine Ahnung von Musik haben
die nicht fähig sind

einen komplizierteren Beat als **BUMBUM-INZINZ** zu fabrizieren
DJs! hochgehypt wie Rockstars
aus dem Verein zur Förderung des Tinnitus
Leute, die Musik anderer zusammenmixen
weil sie selbst untalentiert sind
ohne echte Musikalität
nicht wissend, was alles ginge
die musikalische Geniestreiche
zu Einheitsbrei degradieren
dem die Massen im Gleichschritt folgen
im immer gleichen simplen Rhythmus
wie eine Herde blöder Schafe
die Begrenztheit und Beharrlichkeit des Sounds
beleidigen die Sinne
wer bis jetzt nicht unter Herzrhythmusstörungen
oder Paranoia gelitten hat
Techno schafft Abhilfe
kein Wunder, dass Ecstasy erfunden wurde
bei wachem Verstand (insofern vorhanden) nicht zu ertragen

Rock'n'Roll

Disco

Punk

Freejazz

Volksmusik

auch das ist Wahnsinn

doch bei allem existiert

was man im Volksmund *Melodie* nennt

und wird von Leuten vorgetragen

die Instrumente besitzen

die sie mitunter auch beherrschen

Techno ist Lärm aus der Retorte

für gleichförmig nickende Massen

für halbnackte, gestählte Körper

die anderswo gar nicht mehr miteinander

in *Berührung* kommen

die nur noch auf Pille nett miteinander sind

sich am nächsten Morgen

aber nicht mehr an deinen Namen erinnern können

(oder wollen)

die am Dienstag depressiv in den Seilen hängen

und mit Mühe und Not

die leblose, eintönige Zeit
bis Freitagnacht totschlagen

so werden Spätautisten rangezüchtet
synthetischer Sound
für künstlich erzeugte Gefühle
computergesteuert
jederzeit absturzgefährdet
BACK TO THE ROOTS
schreit's aus dem Busch

welche Wurzeln hat ein Retortenbaby?

in vitro veritas

artificial JA
intelligence NEIN

(Technoliebhaber werden mich hassen, sei's drum)

abends steh ich nackt auf dem Balkon
in der Hoffnung
gegenüber hat einer den **FeldSTECHER** dabei

3:42 Uhr ruft die Latrine
ich rufe zurück

Halali zum Landausflug
meilenweit leere Landstriche
unendliches Sonnenblumen-Meer
die Straße leer (neu geteert, sponsored by European Union)
Verkehr findet hier noch
mehrheitlich auf zwischenmenschlicher Ebene statt
Felder
trutzige Häuschen
Gärten mit Weinreben
klare Luft
Stille
die Zeit stehengeblieben
irgendwann in den Fünfzigern
Bergdorfidylle für unterzutauchende Kriegsverbrecher
hier sucht keiner
alles ist hier vergessen

die Menschen friedlich
auch irgendwie trutzig
gastfreundlich wie selten erlebt
Tänze
lachen

viel Schnaps
Stoyan ist hartnäckig und ausdauernd in der Konversation
sie besteht aus einem Wort:

auf die Gesundheit!
auch wenn seine schon ziemlich angekratzt zu sein scheint
Bluthochdruckgesicht und
eine Leber, die Schwerstarbeit verrichtet
er gießt nach
hebt den Becher
lacht
tanzt
bis er irgendwann umfällt

scheißegal

irgendwann ist ja eh Schluss
für jeden von uns
dann doch lieber in den balkanischen Wäldern
an Selbstgebranntem verrecken
als während der Arbeit für einen anderen
der deine Lebenszeit verbraucht
hier verbraucht der Mensch sich noch selbst
bis die Zahnräder zum Stillstand kommen
dann hängen sie dein Bild
an den Gartenzaun

damit du nicht ganz in Vergessenheit gerätst

und dann schenken sie nach

und erheben das Glas

auf die Toten

und auf die Lebenden

und jene irgendwo dazwischen

nasdrawje und runter damit

die Kehle brennt

aber Leben muss sich ja spüren lassen

ein bisschen Brennen und Schmerz

für uns alle

die wir auf der Durchreise sind

Stoyan nimmt mich in den Arm

lächelt sein breites, alles überschwemmendes Lächeln

sein Zahnstand als Visitenkarte

und dann verschüttet er etwas 48-Prozentigen

über mein Knie

denn *Leben muss mit dem ganzen Körper wahrgenommen werden*

sagt er und wischt bedächtig trocken

tapsig wie ein Tanzbär

dreht er sich noch einmal im Kreis

dann fällt er rittlings ins Geäst

leise murmelt er einen Abschiedsgruß

die Bauernpranke lässt das Becherchen fallen

ein Tag, der sich gelohnt hat

Happy hour around the clock
every hour is a happy hour
während die mehrfach doppelte Ladung
Margaritas

in meinem Hirn herumschwappt
macht der Elvis-Imitator den Abgang
durch den Kücheneingang

***ELVIS HAS LEFT THE BUILDING
THANK YOU
AND GOODBYE***
(Memphis, March 20, 1974)

tosender Applaus
Abgang
ENDE

der Sexshop bietet Poppers und Viagra zum halben Preis

später lese ich *Tagebuch Berlin – New York*

instantante Reduzierung
paradigmatische Krise
transitive Perzeption

chronotopisch Gestrandeter
synkretistische Neugier
narkoleptisches Problem

PROBLEM!

DAS IST DAS STICHWORT

leider führe ich kein Fremdwörterbuch mit mir
ich weiß nicht, was du mir sagen willst
auch meine Texte sind mitunter kalter Kaffee
es ist nicht einfach
einen klaren, geraden Kurs zu halten
doch sollte Literatur nicht in Ansätzen verstanden werden können?
die Kunst ist: Tiefen mit einfachen Worten auszudrücken

am Strand posen Grazien unterdessen in Heidi-Klum-Verrenkungen
räkeln ihre fettlosen Körper
in der seichten Brandung
während tätowierte Anabolika-Liebhaber
mit gefälschten Ray-Ban-Brillen
ihr iPhone auf die Schöne halten
doch ein Wölkchen schiebt sich vor die Sonne und
ein Bierbauch ins Blickfeld
ein Kleinkind rennt durch die Szene

am Abend herrscht Kriegszustand
der letzte Krümel kümmerlicher Contenance
geht endgültig verloren
Übernahmeschlachten um rosa Brei
und lilafarbenes Speiseeis
Verdrängungs- und Ellbogenkämpfe
um Tiramisu und Schwarzwälder Kirschtorte
so muss es im Vorraum zur Hölle zugehen
wer zaudert, hat verloren
wird unwiderruflich zurückgedrängt
hinter die Feindeslinie
verliert an Territorium
das nicht zurückeroberbar scheint
Teller gehen zu Bruch
Kinder kreischen
speckige Süßkramfinger patschen nach Cremetörtchen und
zermantschtem Schokokuchen
Massaker am Dessert-Buffet
das Volk außer Rand und Band
ist nicht mehr zu halten

das Model schluckt Wasser
das Shooting muss abgebrochen werden
wieder alles für die Katz'
eine Möwe lacht hämisch

stürzt sich auf alles
was nicht niet- und nagelfest ist
und sei es die Dekoration
alles wird gefressen
Matronen im Zuckerrausch
Kolosse von Männern
die aus den Vollen schöpfen
Apfelstrudel-Gefechte und
Crème brûlée-Scharmützel
Blitzkrieg um Vanillepudding
hier wird SCHLAGsahne ihrem Namen gerecht
das Personal beobachtet entsetzt
aus sicherer Entfernung den Kriegsschauplatz
greift nur im äußersten Notfall ein
stellt Wet-Floor-Schilder auf
die im nächsten Moment weggetreten werden
Damen mit aufgetürmten Frisuren und Tellern
schlüpfen in Plastikpantöffelchen aus
holen sich eine Zerrung beim Versuch
das letzte Stück Wackelpudding zu ergattern
sehen sie nicht, dass sie selbst schon genug davon haben
auf den Hüften

die dem Feind in die Seite gerammt werden
als gelte es das Morgenland zu verteidigen
bei der Eierspeise mit Kirschkompott

dann die Entscheidungsschlacht
Russland gegen die Türken
(der Bulgare sieht's mit Spannung)
der Osmane ein Deut zu langsam
Sisha-benebelt verpasst er den finalen Schlag
geht zu Boden

die letzte Kirsche landet in Putins Näpfchen
Schluss

aus

der Sieg dem Zaren
Rückzug für den Muselmann

aus

vorbei

HEUREKA!

und der Matsch is' gegessen

als **persona non grata**

der *ABSCHIED* vom Meer
ist immer am schwersten
von Menschen – gegessen
von einer Stadt – die hat man irgendwann über
oder muss sie fluchtartig verlassen

aber das Meer
das Leben schenkt
und den Tod bringt
dessen Farbe sich mit jeder Stunde ändert
dessen Klang eine Sinfonie der Verheißung ist
der Sehnsucht
nach einer neuen Welt
anderen Ufern
oder dem Untergang
alles entspringt hier
und alles endet hier

die Ursuppe alles Seienden

wie soll man sich von der eigenen Quelle verabschieden
ohne durchzudrehen
wer das Meer fürchtet
der fürchtet das Leben
der hat auch Angst vor dem Tod
und Angst ist ein schlechter Ratgeber
sie kann Leben retten
zweifelsohne aber auch zerstören
Angst ist der Feind der Freiheit

* * *

SOMMERLOCH

Mittwochmorgen
15 Grad weniger
die Rache der Balkonpflanzen: in Abwesenheit verreckt
der Bäcker meines Vertrauens hat Betriebsferien
und der Zug kommt pünktlich (ich nicht)
ich versuche ein Lächeln
doch die Gesichtszüge entgleisen
vor mir Raucher
die fröhlich in die Gegend abaschen
geradewegs auf meine Kleider
großer Gott
wie soll ich diese Woche überstehen?!
Zürich ist noch verschlafen
irgendwie leer
in der *Summertime Sadness*
und kommt fast sympathisch rüber

und dann das

Zeit, um an einem Schreibwettbewerb teilzunehmen
doch wie ich feststellte
falle ich mal wieder überall durchs Raster
weil ich:

nicht mehr jung bin

kein Newcomer bin

und noch keine 80 bin

kein Mann bin

kein Tiroler bin

nicht ortsverbunden schreibe

nicht ortsverbunden bin

weil ich schon veröffentlicht habe

weil ich noch nicht genug veröffentlicht habe

weil ich nicht das Richtige veröffentlicht habe

weil die Zeichenzahl zu lang ist

oder zu kurz

weil ich den Blocksatz nicht einhalte

weil ich den Blocksatz einhalte

und Calibri statt Arial verwende

und zu viele Anschläge pro Seite verursache

weil das nicht zum Thema passt

weil bei mir Leer- und nicht Lehrzeichen anfallen

weil ich nicht weiß, was Lehrzeichen sind

weil ICH deutsch kann

weil ich nicht pseudointellektuell dahinschwafle

nicht in der Midlifecrisis stecke

weil ich eine Frau und keine Blume bin

weil ich Tacheles rede

weil ich verständlich schreibe

weil ich keine Angst vor dem Leben habe
weil ich was zu sagen habe
weil ich Eier habe
und nicht Scheiße im Kopf

hat es euch eigentlich ins Gehirn geschissen?

schreiben ist ein **KREATIVER Prozess**

bei all diesen Reglementierungen
und Einschränkungen
und Grenzen
und Bedingungen
und Verboten
und Regeln
müsst ihr euch nicht wundern
wenn ihr eurem eigenen kleinen
langweiligen Möchtegern-Literaturdunstkreis
dessen Ergüsse ihr nicht mal selbst versteht
geschweige denn jemand
der normal ist (allerdings, was ist schon normal?)
und in der wirklichen Welt lebt
niemals entrinnen werdet

bleibt doch unter euch
und tippt weiter 1800 Anschläge
im Blocksatz
auf handgeschöpfres

*DARF ICH IHNEN DAS *FICK DICH* ANBIETEN?*

der Sommer war ins Land gezogen
heftig und unverhofft
wie der Besuch der Schwiegermutter
und ich war die ganzen acht Tage dabei
und jetzt?

noch im August beginnt es zu herbsteln
vor Ort verschmiertes Grau
Baukräne

die wie Schiffstakelagen in den Spätsommerhimmel ragen
der Sommer verpisst sich
viel zu früh
wie die Vögel
die schon wieder am Packen sind

umweltfreundliches Büttenpapier
vergebt eure Preise an euch selbst
gebt Kurse
in denen man nichts lernt
außer, solche Kurse nicht zu belegen
aber wundert euch nicht
wenn euren Mist keiner lesen will

la dolce vita

alle verkrümeln sich aufs Land
zu den Olivenhainen
und schwer behangenen Weinbergen
unter die Sonne Italiens oder
Südfrankreichs
Lavendelfelder und

und ich
ich laufe Marathon
auf der nächsten Durststrecke

ich stellte fest
dass ich mich sputen muss
wenn ich von mir als einer Mitvierzigerin schreibe
gilt das auch bald nicht mehr
kaum hast du dich versehen
ist ein halbes Jahrhundert rum
dann stellt sich die leidige Frage:

was mit der anderen Hälfte anfangen?

auch Kopulationsübungen
helfen da nicht weiter
auch wenn N. lobend erwähnte
dass ich nicht nachtragend sei
und einfach zu handhaben
auch wenn selbst ich
ab und zu etwas rumzicke
ich bin eine Frau
rumzicken ist quasi mein Parteiauftrag
hätte die Natur gewollt
dass wir nicht zicken
wären wir Männer geworden
die üben konstruktive Kritik
(schallendes Gelächter aus dem Off)

nach einem extraordinären Fick
teilte er mir schließlich mit
wie das **Ende** sein wird:
abrupt
ohne Diskussion
voraussichtlich im Herbst

* * *

Lausanne die Hinterhältige

fast ein bisschen wie Ausland
wie Ferien im Süden
oder in der dritten Welt (Bahnhofslatrine)
schwarze Taxifahrer
die dir zu viel Geld abknöpfen
Palmen, die im Wind rascheln
als würden sie dir
das Lied von der *Unendlichkeit* einflüstern
Menschen die rauchen
ohne dass es jemanden stört

architektonische Kontrapunkte
in die Landschaft geschissen
von Architekten
die für Blinde entwerfen
und

französische Texte mäandern wie Flaneure
durch imaginäre Straßen
Räuber am Weg
die bewaffnet aus Büschen hervorbrechen
und uns unsere Überzeugungen abluchsen

barocke Villen
die sich wie Walküren mit schweren Balkonen
gen See neigen
der im Abendrot karibisches Licht vortäuscht
wie Sirenen den Seefahrer locken
zum Verweilen einlullen
eine Odyssee ohne Rückkehr

all das lässt hinterhältig Leben vermuten
der Traum von Freiheit
vom Anderssein
der Weite und Fremde
hinter jedem Hügel ein neues Land

doch dann plötzlich fällt's dir wieder ein: SCHWEIZ

CoopMigrosBallyLindtUBSMobilzoneDosenbachEinheitsbrei

kann den mal jemand weglöffeln
oder wegsprengen
zuscheißen

egal was
Hauptsache weg damit

und dann auch noch:

Feldkirch die Verschweizte

ich trinke mir Mut an
ich mache auf cool (Zigarillo)
als ich die Wiener Melange (47% Fett) bestelle
bin ich schon betrunken
zweimal lass ich den Kugelschreiber fallen
der am Ende von selbst den Geist aufgibt
(Hotel de la Paix Lausanne, welsche *Qualitätsarbeit*)
morgen eine Lesung der eigenen Elaborate
ob die momentanen Maßnahmen greifen

wird sich weisen

ist aber nicht anzunehmen
auch hier überall Schweizerdeutsch
warum ums Verrecken geh ich ins Ausland?

NIRGENDS ist man **WEIT GENUG** weg

von dem
was einen eh immer wieder einholt
am Nebentisch knackige Vorarlberger Burschen
mit russischen Freundinnen

magersüchtig und mit
ausgezupften und nachgezogenen Brauen
wieso reißt man die Dinger aus
um sie dann wieder anzumalen?
schön ist anders
Frauen sind bekloppt

wieso tut man sich das alles an?
Augenbrauen zupfen
Lesungen abhalten
weiterleben

weil das Leben schön ist
Schönheit liegt allerdings im Auge des Betrachters

manchmal wäre es besser
alles wuchern zu lassen
auch das Leben
es einfach kommen lassen
und wenn es geht
ist eben Schluss
einfach mal laufen lassen
soll es doch dazwischengrätschen
das Leben
bis zur finalen Blutgrätsche

Vernunft ausschalten
keine Pflichten mehr ausüben
einfach weitergehen
wenn einem danach ist
oder weiterfahren
dann würde ich jetzt gen Budapest rollen
und wäre nicht in Feldkirch ausgestiegen
die anderen könnten sich selbst was lesen
muss nicht unbedingt schlechter sein

doch die **Feigheit** und die **Eitelkeit**

treiben einen in die **Gegenrichtung**
ein mittelprächtiger Auftritt
ist besser als gar kein Auftritt
und mitunter wird's sogar ein guter
und sie haun dir auf die Schulter
und sie bauchpinseln dich
sie spenden Applaus
und schon kommst du dir vor
als würdest du eine Rolle spielen
so im **GROSSEN & GANZEN**
obwohl du weißt
dass das nicht der Fall ist
noch nie der Fall war
doch du hast den bösen Mächten in dir getrotzt

die Wahrheit aufs Neue gekonnt verdrängt
die Realität gefickt
bevor sie dich fickt
oder killt

und dann Tagliatelle
an einer unsäglichen Matsche
wo bleibt **RACH**
wenn man ihn wirklich mal braucht?
das Licht wird gedimmt
und während draußen
gemächlich ein Lamborghini vorbeirollt
singt Phil Collins

IN THE AIR TONIGHT

* * *

wieder on the road
der Zug schwankt mehr
als dass er fährt
vorbei an Lärmschutzmauern
über denen ein nebliger Himmel wabert
halb vergessene Käffer und

Industriebrachland
im Zug sitzt man heute im RUHE! ABTEIL
die Fahrkarte steckt im iPhone
und der Mann vom fahrenden Kiosk
kredenzt Cappuccino
ich starre in die **ÖDNIS** wo einst **WILDNIS** war

Kerouac hat sich das alles anders vorgestellt

die Turmuhr schlägt halb 12
zwei Männer mit Bärten betreten das Abteil
platzieren eine schwarze Tasche zwischen den Sitzen

die Blicke der anderen sagen: **TERRORVERDACHT !!!**
heutzutage weißt du nie, ob dein Nachbar ein
Schläfer
von der CIA
oder ein normaler Bürger ist

in einem Garten ein Bananenbaum
trotzig streckt er seine zerfledderten Blätter
dem Wind entgegen
er passt in dieses Klima
wie ein Schwarzer in eine Ku-Klux-Klan-Versammlung
Kindu stehen winkend an Schranken

jeder steht unter **Generalverdacht**

MUT ZUR HÄSSLICHKEIT

Spießbürgersiedlungen und Herbstwälder gleiten vorbei
auf dem Fahrplan steht: **DIE SCHWEIZ RUFT**

von mir aus
soll sie rufen
wir müssen ja nicht antworten
Kinder plärren
ein Hund wedelt mit dem Schwanz
als erwarte er jeden Augenblick eine freudige Überraschung
am Bahnsteig steht eine 70-jährige Barbie
sie hebt den Arm zum Winkekatzengruß
dem Jugendwahn verfallen
beweist sie fast schon

eine Mutter aus der Gruppe Ganzspätgebärende
unterweist ihre Sprösslinge in der Kunst des gestelzten Daherschwafelns
Merle und Cornelius tragen es mit Fassung
und sauertöpfischem Gesichtsausdruck
er malt *Indianer vor dem Krieg*
ohne Kriegsbemalung
sie werden mal frühzeitig oder nie ausziehen

mein Gegenüber malträtiert den Laptop
leise surrend lässt er ein Stoßgebet fahren
ich sehe mein Konterfei in der Scheibe
gedankenverloren glotze ich

über den Rand meiner Lesebrille
ich balanciere besorgniserregend an der
Metamorphose-Schwelle zur komischen Alten
ein Fach, das mir gar nicht liegt
doch immer öfter werde ich mit Trulla betitelt
zwar scherzhaft noch
doch mit beängstigender Intensität
ist es jetzt soweit, dass ich
respektiert aber nicht mehr begehrt werde
ich aus sämtlichen Beuteschemen kippe
werde ich bald geduldet, aber gehasst?
früher wurde man wahr-, aber nicht ernstgenommen
heute ist es eher umgekehrt
egal in welchem Stadium der Evolution
eigentlich ist man immer **fehl am Platz**

Darmstadt die Lebendige

wider Erwarten
Mekka der 1-Euro-Läden
Paradies für Schnäppchenjäger

auch ich verfalle dem **Konsum** RAUSSSSCCCCHHHHHH
auf der Suche nach Dingen
die ich nicht zu finden hoffte

über allem ein Hauch von Achtziger
der durch die Straßen weht
wie ein Gruß aus der Jugend
in die Jahre gekommene Punks
sitzen in Straßencafés
bei Latte Macchiato
wissen die,
dass macchiato befleckt heißt?
sie sitzen gemütlich in der Sonne
und merken nicht
dass sie das geworden sind
was sie früher mit aller Kraft zu verhindern suchten

die Septembersonne schickt ihre letzten Strahlen
jetzt ist die **ZUKUNFT**
von der wir vor 30 Jahren dachten
dass wir sie nicht mehr erleben würden
doch der Wald steht noch
und der Russe hat sich mächtig verspätet
wir haben durch- und die Welt uns ausgehalten
vielleicht ist am Ende alles weniger schlimm
als es im Moment immer scheint

im Großen und Ganzen
hat sich alles zum Besseren gewendet
was nicht heißen soll
dass es gut ist
aber besser als damals allemal
auch wenn ein paar Deppen behaupten
früher sei alles besser gewesen
war es nicht
ich weiß wovon ich rede
es ist definitiv besser
VOR als **HINTER** dem Eisernen Vorhang zu hocken

und dann kamst du
trauriger Poet
ich traf dich in einem Hinterhof
voller Verlierer
eine Nacht
in der uns das Leben
Unmögliches abverlangte
und der Pitbull, der uns von der Seite anstarrte
noch das kleinste Übel war
es war klar
dass du dich betrinken musstest
anders waren Teile der Meute nicht zu ertragen

selbstgerechte Typen
die Stories von Monstern in Computern absonderten
eine Punkerin fiel in Ohnmacht
später das Weinregal um
logische Konsequenzen auf gewisse Texte
großer Gott, wo waren wir hingeraten?
ich verstand kein Wort von dem ganzen **Schwachsinn**
auch ich war (be)trunken
von deinem Anblick
du warst auf eine schmerzlich-bittersüße Art kaputt
doch selbst in diesem desolaten Zustand noch so

anziehend

dass ich um ein Haar
mein Höschen auf die Bühne geworfen hätte
eine Bühne
die gar keine war und auf der du dir mit schwerem Atem
einen Wolf gefaselt
unsichtbare Tränen vergossen
und jede Menge Bier verschüttet hast

es ist immer die Kunst, die mich kriegt, die alte Schlampe

du hast dich ständig entschuldigt
für deine schlechte Performance
die aber in ihrer absurden Tragikkomik
die BESTE des Abends blieb
manche entschuldigten sich für ihre Texte
zu recht
mit einem Selbstbewusstsein
das schon an Arroganz grenzte
schiss A. uns zu
mit seinen unsäglichen Elaboraten
plärrte er ins schlecht eingestellte, schallende Mikro
Schall und Rauch
in der autonomen Dichter-Klause
Perlen vor die Säue
und sinnlos vergossenes Blut
uns blieb beiden die Luft weg
wenn auch aus unterschiedlichen Gründen

ständig lachte ich dummdreist
auch ich hatte zu viel von allem
ich lachte nicht über dich
vielmehr über die Sehnsucht
diese **hinterfotzige**
die plötzlich hochschwappte
und alles überschwemmte

ich hatte mich eingerichtet
in meinem Job
meiner Wohnung im Schweizer Kleinbürgertum
mit einem Liebhaber
der es mir besorgte
und den Nachbarn
die mir egal waren
meine Karriere
oder was sich so schimpfte
war auf dem Höhepunkt
mehr würde nicht kommen

wo war die alles zerfleischende **LEIDENSCHAFT** abgeblieben?

wo die Liebe
für die man töten würde
im besten Falle sich selbst

ich fühlte mich
als wäre ich unglücklich verliebt
manisch
als gehörte einem die Welt
zugleich von Trauer und Hoffnungslosigkeit erfüllt
weil Seifenblasen immer zerplatzen

Glück und Unglück
liegen nur einen Steinwurf voneinander entfernt

und aus dem Off von den Sanitäranlagen ruft's: *Bitte kein Sperma auf die Klobrille!*

wo zum Teufel waren wir hier hingeraten?
war das schon das Fegefeuer?

wie die alte Füchsin hockte ich
mit triefender Lefze
vor der potentiellen Beute
die Jagdsaison ist eröffnet
HALALI!

ich war euphorisiert und gelähmt zugleich
weil du klug bist
und begabt
von Traurigkeit erfüllt
die die eigene Trauer relativiert
weil du verletzlich bist
und so **schön**

dass es fast schon **weh** tut

Maria
du bist der Typ
in den sich alle verlieben
Männer wie Frauen
und nur eine wird das Pech haben
erhört zu werden

ICH würde dir folgen
wie Odysseus den Sirenen

wohlwissend, dass es das **ENDE** wäre
Heimkehr ungewiss
alles verloren

wie Ikarus würde ich dir zu nahe kommen
und **in deiner Sonne verglühen**
dumm und gierig wie einst Eva
würde ich in den sauren Apfel der Verdammnis beißen

auch die andere **Eva**
ist ihrem Führer gefolgt
sollte ich meinen Namen ändern?

ich bin schwach
unfähig zur Standhaftigkeit
die Verweigerung der Vernunft kennt keine Grenzen
lieber sterben
als nichts mehr fühlen

es schmerzt das Knie
es schmerzt das Herz
es schmerzt der Kopf
alles, alles schmerzt

voll Nebel die Nacht
ein Rabe schreit

auch Nebel am Tag
ich bin bereit

ich bin willig
ich weiß, das gefällt dir
meine Passion ist mich hinzugeben
was gut und gern in ein Wegwerfen münden kann
aber das stört immer nur die anderen

ich hätte dich vögeln wollen
obwohl du Liebe gebraucht hättest
oder umgekehrt
vielleicht auch nur ein Nachtlager
wer weiß das schon

aber Grundgütiger!
wir waren in Hessen
der Aargau von Deutschland, wenn man so will
was gäbe es da zu erwarten, außer: **NICHTS**
ich war froh
als du beschlossen hattest
ins Auto zu steigen um
einen gepflegten Abgang hinzulegen
vielleicht landest du an einem Baum
in der Radarkontrolle
oder der Realität

aber mir blieb die Versuchung erspart
dir mein Bett anzubieten

und Angst im Nacken
und Schreie im Traum
und Angst an den Hacken
zu knapp der Saum

Migrant der Liebe

schöner Poet
morbider Poet
überwältigt von der eigenen Genialität
von Dämonen der Vergangenheit
die sich dir ins Herz bohren
wie Paris' Pfeil
in Achilles Ferse

Träume nach Innen
salzig und bitter
ein Lächeln nach Aussen
für den gefallenen Ritter

Dein schönes Gesicht
Deine zitternden Hände
nirgends ein Licht
ich renn gegen Wände

und was hätten wir
mit dem Ding am Klavier gemacht?
eine aussichtslose Situation

so oder so, eins hätte es gegeben: **LEID**

verdammte Scheiße
ich dachte das sei endgültig durch
dass ich fast durchdrehe
wegen eines Kerls
der eigentlich nur einen schlechten Tag hatte
ich mache mich lächerlich

warum hast du mir auch Komplimente gemacht
deine Nase an meinem Hals gerieben
wo es so gut roch
dass du fast schwach geworden wärst
warum bist du mir so nahe gekommen
hast mich angesehen
während du an den Inhalt meines prallen Dekolletés dachtest
du fragtest fast bettelnd ob wir uns wiedersehen
und morgen wirst du von all dem nichts mehr wissen wollen
und trotzdem
jetzt so allein in Zimmer 108
könnte ich mir in den Arsch beißen
dass ich dich hab ziehen lassen
ich wäre gern die Zecke zwischen deinen Beinen gewesen
wohlig warm und feucht hab ich's gern
und schließlich soll man die Männer nehmen
wie sie fallen
und glaube mir
mit diesem Arsch hättest du alle Hände voll zu tun gehabt

die Welt, sie blutet
und wälzt sich im Schmerz
die Welt, sie blutet
und mit ihr mein Herz

* * *

Paris die Künstlerin

du Schöne
du Weite
du Offene
du Dekadente
du Überhebliche
erzeugst in mir die Illusion
dass doch noch alles gut werden könnte

ein frischer, sonniger Morgen im Café in der Rue d'Argout
Croissants, ungenießbarer Kaffee mit zu viel Milch
der grazile Kellner, ein Lächeln – Bonjour Madame!

pseudophilosophische Streitgespräche
die zu keinem Ergebnis führen
im Hintergrund bedient Ziehharmonika-Musik das Klischee
Ja! So ist doch das Leben
Houellebecq würde sich übergeben

ich klopfe an seine Tür
er öffnet nicht
er wird wissen warum
ich bin seine Karte und sein Gebiet
er hat die Festung einst eingenommen

LA CONGA BLICOTI

* * *

und jetzt einen Schutzwall drum herum errichtet
den er selbst nicht mehr einzureißen vermag

und auf dem Pont des Arts hängen die Schlösser der Verliebten
einige tauchen schon wieder nach dem Schlüssel
gib mir doch mal die Metallsäge mon cher
was ham wir uns nur dabei gedacht
ist doch klar, dass nix ewig hält
pardon?

non, nous ne parlons pas anglais

Getrude Stein winkt aus den Katakomben
Herbst in Paris
ist gleichwohl schön wie
Frühling in Paris
eine strahlend goldene Sonne
über dem Freudenkelch der Welt
in Montmartre saufen die Künstler
und Dalí träumt von einem Rhinozeros
die Liebenden vom Pont Neuf sind Versicherungskauffrau und tot
der Pianospieler singt Cole Porter-Lieder
und Josephine Baker rupft sich Bananenstauden von den Hüften

der Novemberregen klatscht mir provokativ ins Gesicht
als wolle er mich fertigmachen
viel braucht's nicht mehr
und er hat sein Ziel erreicht
die Zeiten sind suboptimal und ich weiß nicht
wie ich dieses Leben
weiter so rumbringen soll

all diese Schmerzen
die mich unten halten
obwohl ich doch hoch hinaus wollte

im Hamsterrad-Modus

irgendwas grätscht immer dazwischen
ich glaub ich hab

IN THE ARMCHAIR

boreburnoutandin

alles fließt
was ja erstmal nicht verkehrt ist
nur geht's halt immer in dieselbe Richtung
in einem Tempo und mit einer Wucht
dass ein Abzweigen nicht mehr möglich ist
geschweige denn anhalten und mal aussteigen
obwohl das das Einzige ist
worauf alle hinarbeiten

und jetzt sitz ich im Zug Richtung **Terrakotta-Armee**
die sind aus allem raus
haben gemeinschaftlich Schluss gemacht
wenn auch unfreiwillig
wurden wieder ausgebuddelt
und stehen jetzt im Museum rum
werden angeglotzt
bewundert
bemitleidet
und nie wieder vergessen
was will man mehr

ich fahre alleine
weil A. lieber Schlaftabletten schluckt, als mit mir was auch immer
(dabei habe ich dieselbe Wirkung)
am Telefon seine Stimme schwächlich
die Aussprache verwaschen
waren es zwei, drei Pillen, die halbe Packung?
warum überhaupt?
auch er ist schwach

*Der König von Qin
zeigt selten Wohlwollen und
hat das Herz eines Tigers oder Wolfs
wenn er seinen Willen durchsetzt
kann er einen bei lebendigem Leibe verspeisen
man kann nicht lange
sein Weggefährte sein*

Selbstzerstörung ist ein Volkssport

dabei fühlte ich mich gestern so gut
es war klar, dass das nicht so weitergehen konnte

ich bin eine Landschaft

die umzäunt, umgegraben und betoniert werden muss
erst wenn jeder Quadratzentimeter bebaut ist
herrscht Ruhe im Karton
du liegst da
grün und saftig und nahrhaft und
am Ende brettern sie mit 180 km/h
über deine rissig gewordenen Ebenen

* * *

Tunyer die Nostalgische

einst fuhr ich in einem Ford P2
die Straße von Gibraltar entlang
es hatte viel Wasser auf der Fahrbahn
keine Ahnung wo das herkam

eine scheinbar unendliche Odyssee
auf der ich schließlich
in einer Stadt landete
mit weißen Häusern
und Sandsteintreppen
die geradewegs in den Himmel führten
so stahlblau und klar
dass er mir wie Messer in die Augen stach

Das ist Tandscha
sagte ein seltsamer, dünner Typ geheimnisvoll
ein Morphinist
der sich kaum artikulieren konnte
und seine Frau erschossen hatte
wie man mir später flüsterte
er stellte sich mir als Lustsucher vor

gegen drei traf sich William, wie er hieß
mit Allen, Peter, Gregory, Jack und Timothy
zum verspäteten Lunch
naked, versteht sich
einer vollgedröhnter als der andere

sie waren Steppenwölfe ohne Steppe und
ohne wirkliche Wolfsnatur

trotzdem unbändig und wild
einsam
heimatlos
schwebend zwischen Geist und Trieb
auf der Flucht vor der
kleinbürgerlichen Harmonie
und intellektueller Begrenztheit

meistens waren sie traurig
und wenn sie mal glücklich waren
sehnten sie sich nach dem Unglück
nie hielten sich Glück und Leid die Waage
mit jeder neuen blauen Stunde
begriffen sie das Leben
zunehmend als sinnlos
trotzdem hatten sie etwas Unentschlossenes

über einem Meer der Schwere
schwamm ein flüchtiger Traum aus Leichtigkeit
und die glühendheiße Sonne Marokkos
zerfraß ihre Opium-Hirne
die wie Brandung an die Klippen schlugen
wie vom Wind angetriebene
sich überstürzende Wellen
auf Untiefen und Küsten treffen

Marrakesch die Getriebene

sie waren unbeugsam
getrieben von der Sehnsucht nach Leben
in diesen Tagen in Tanger
doch die Freiheit war letztlich
nur im Tod zu finden

tosender Platz des Irrsinns

am Djemaa el Fna

du Schöne zwischen Atlas und Sahara
rote Häuser unter flirrendem Staub
Schlangen, die den Derwisch-Tanz üben
und Transen wackeln mit dem Hintern

Barbiere stutzen Damenbärte
und Wahrsager erzähl'n dir mehr
als du wissen willst
Lärm, der in engen Gassen verhallt
der Ruf des Muezzins
in jeder gottverdammten Ecke der Medina
Gaslaternen unterm pechschwarzen Himmel

die Sterne nie so nah
Lebenslust und Lebensgier
Sinnlichkeit
Abtrünnigkeit
wäre ich ein Mann
ich würde dich lieben

doch Spießrutenlauf für jede Frau
allein unterwegs ein Kamikaze-Vergehen
Männer kleben an dir wie Fliegen an der Falle
es gibt eine Art Hunger
jenen nach menschlicher Berührung
abseits von Körperteilen und Sekreten
sie sagen ihnen nie
wie sich das anfühlt

Trommelfeuer im Öllampenschein
sie hämmern dir den Wahnsinn ein
oder aus
wie man's nimmt
ein Opium-Pfeifchen für die Leck-mich-doch-Stimmung
wehende Schleier
verzerrte Gesichter
Schreie in Ekstase und Trance
die einbeinige Bauchtänzerin macht's allen vor
Affentanz ums goldene Kalb

Dirhams, die auf den Boden klimpern
das Kalb bist du
doch das begreifst du zu spät
ein Entrinnen nicht mehr möglich
wenn du jetzt keinen hast, der dich wärmt
bist du verloren
denn nachts kommt die Kälte
zwischen steinigen Riad-Mauern
kriecht sie unterm gleißenden Mondlicht
unter deine Decke
schlaflos zitterst du gen Morgen
nichts mehr von Tausend und einer Nacht
der Berber-Beat ist verstummt
nur noch die Kamele brüllen
oder stinken
meistens beides

Pferde wetten nicht auf Menschen
dasselbe gilt für Kamele
weil sie alle wissen:
das Rennen ist von Anfang an verloren
weil die Wetten immer abgesprochen sind

I prefer not to share
sagte ich noch
doch da trank der Berber

schon aus meinem Becherchen
und schenkte mir sein Drusenheber, das Pfeiffersche
sie nennen es auch kissing desease
und ich krieg's so ganz ohne Kuss
unbefleckte Empfängnis, wenn man so will
wo die Gefahr fehlt
schwindet die Lust
drauf geschissen
Morocco, I will never forget you

und dann Rabatz im Beduinenzelt
der erste Pfefferminztee
vor dem Ritt durch die Wüste
in der aufgehenden Sonne
die alles auftaut
deine steifen Glieder
und deine westliche Seele
süße Datteln im Mund
verschenkter Segen
verkaufte Träume
und dir wird klar, was du alles nicht weißt
und nie wissen wirst
und es ist egal
oder sogar besser so

wer zu viel weiß
wird ausgelöscht
und drüben liegt Algerien
verlorenes Land
in glutrotes Licht getaucht
das den Morgenstern frisst
und zu einer weißen Sonne wird
die den Tod auf die Erde schickt
ein Esel stellt sich uns in den Weg
er führt sein Maultier an kurzer Leine
ein verirrter Taliban winkt mit der Linken
in der Rechten hält er ja seine Waffe
höchste Zeit für den Hamam
Khadija wäscht dir den Dreck von der Seele
später auf dem Kanapee
unterm Feigenbaum eine Tüte
so groß wie am 1. Schultag
und dann erneut die Heiligkeit der Nacht
wenn du dich nicht in einen Menschen
sondern in die Liebe selbst verliebst

* * * *

Umbau des Bühnenbilds

Berlin die Rotzige

Stadt des Pleitegeiers
und der Freiheit
Straßenstrich und Pommesbuden
Hunde, die auf den Gehweg kacken
Kunst
Kultur und
Hartz IV
der Stricher ums Eck
verdreckte U-Bahn-Stationen
in denen es beißend nach Urinat riecht

das Volk pisst auf Euch
und die Sonne geht im Westen auf

Penner und Currywurst
Mauerbruch
Regierungssitz und
Ausverkauf
türkische Gemüsehändler
und pampige Kellnerinnen
mit zu kurzen Röcken und
versifften Schürzen

Latte macchiato-Mütter
Schwabeninvasion in Prenzlberg
Kreuzberger Nächte sind lang
Café Kranzler-Tanten
der Fernsehturm im Industriedunst
Wannsee und Tiergarten und

die Kinder vom Bahnhof Zoo

in die Jahre gekommen oder

TOT

all das einer Großstadt würdig
mit all dem Abtrünnigen und Dreck und

Hoffnung und Liebe

im Grunewald, im Grunewald ist Holzaktion
und im Schlosspark Charlottenburg gibt es eine Biberplage

Wie muss ich mir denn Frau M. nun vorstellen?, fragt Herr C.
*Es is, wie wenn se dir den janzen Tach vonner Eiche erzählen
und du stellst dir och ne Eiche vor
und wenn de se dann siehst
sieht'se och wie ne Eiche aus*

Wo solls denn hinjehn?, fragt der Taxifahrer
Erstma ankomm' und dann langsam fahren, sagt F.
Dit kann aber dauern

M. und ich legen keinen Gurt an
das letzte Stück Rebellion
das in uns steckt
der Fahrer legt 'n paar Briketts nach
da vorne war früher der Hühnerguste
F. weist den Weg: *da vorne dann rechts, also so schräg rechts, nich scharf rechts*
Der Goldene Hahn ist okkupiert von den Trinkern der Stadt
hier geh'n die Leute vor die Tür um NICHT zu rauchen

**GÄSTE, DIE TRINKEN
UM ZU VERGESSEN
WERDEN GEBETEN
VORHER ZU BEZAHLEN**

Pablo geht zum Automaten
und erlegt eine Rumänin
Blowjob auf der Durchreise

Frau M. sagt, sie sei die **Vierfaltigkeit**
es fällt ihr schwer mit der Maske zu essen

ick will mit Künstlerinnen nüscht zu tun haben
sagt F., während er mir an die Titten grabscht
die beste Abfuhr, die man kriegen kann
später wird er mir sein Bett anbieten
zum Glück hab ich **MIGRÄNE**
High noon, nur Mitternacht, in der Säufer-Kaschemme

wir sind eine verstörende Mischung

hier wird nicht gekifft, sagt der Techniker
während er sich eine Riesentüte bastelt
mir tropft die Dönersoße ins Dekolleté
ick liebe intelligente Frauen
sagt der Mann mit dem halben Bart
(da hab ich ja nochmal Glück gehabt
dass ich nicht intelligent bin)

F. ist betrunken
P. ist betrunken
K. ist sturzbetrunken
mein Gott, wer hat bloß
all den Alkohol hergestellt?
Frau M. ist ausnahmsweise mal nüchtern
(kommt gar nicht gut)

Mögense lieber Gemüse- oder normalen Döner?, fragte der Taxifahrer
Is mir egal. Hauptsache keinen auf der Jacke,
sagte ich und kratzte mir die Soße vom Reverse

* * *

im Dezember starb ein Freund
instead of passing by
he passed away
da hatte er wohl was falsch verstanden
ich taumelte zwischen Fassungslosigkeit und Unglauben
die größte menschliche Tragödie ist ein Leben
das nicht im Einklang mit unserer wahren Natur gelebt wird
da kann sich jetzt jeder mal fragen
ich halte mir vorsichtshalber die Ohren zu
die Antwort will ich gar nicht hören
Zeit, sich in die Lüfte zu schwingen

San Francisco die Verwegene

Pacific Breeze
mit Botox im Gesicht
die Hippies sind obdachlos

oder fahren mit zittrigen Händen
Hybridtaxis durch die Gegend
die Blumen im schütteren Haar sind vertrocknet
und LSD ist verboten
Stadt der Nichtraucher und Veganer

das *Hotel California* hat geschlossen

die Gäste sind längst austherapiert
und am Pier 39 liegen die Robben in der Sonne
dicht gedrängt wie in der Frauenbadi in Zürich
Alcatraz hat ausgedient
The Rock ist abgedreht und
der Beat schlägt anders

schneller
härter
cleaner

Ginsberg würde heulen und auch jene,
die sich in den Arsch ficken ließen von heiligen Motorradfahrern und vor Freude schrie'n
und Ferlinghetti trinkt Latte macchiato
der Beat ist tot – es lebe der Beat und

ich bin
upbeat
beatific
and on the beat

THE CITY strahlt in der Morgensonne
gesäubert vom Dreck Mensch

im **The Café** gibt's nix mehr zu jagen
geschweige denn zu reißen
Erkenntnis dieser Nacht: Adele, Alicia, Pink & Beyonce – alles übergewichtige Transen
und die mexikanische Hackfresse
ist von Beruf Schleppenträger
stoisch und schweigsam
trottet sie gehorsam
hinter ihrem *Star* her

die falsche Pink steht für 2 Minuten im Rampenlicht
lässt sich 1-Dollar-Noten zwischen die Plastik-Titten stopfen
hier ist alles falsch
die Stars
die Brüste
das Lächeln
so falsch
und traurig
so absurd

und lächerlich
schmerzlich und
anrührend zugleich
dass es fast schon wieder schön ist

um zu kompensieren
kaufe ich Vibrationsgeräte für 100 Dollar
mehr gibt die **CASTRO** nicht mehr her
der Summer of Love ist Geschichte
und Harvey Milk ist tot
nur den Friseur von damals
den gibt's noch
ich hatte einen Beutelratten-Kurzhaar-Bob
da fällt Verzeihen schwer

später am Union Square
entfernt sich der Gatte
das Cruisen verlernt man nicht
ein Mann aus Alaska
gräbt mich an

schön, dass ich *SPARKLING* rüberkomme

auch wenn ich mich nicht so fühle
is there any chance to see you again?

ich befürchte nein
aber danke für den Versuch
obwohl, ein Kontakt in Alaska …
sei's drum
selbst ist die Frau
auf, auf zur Mini-Rabbit-Vibrations-Ouvertüre

DON'T BE FOOLED
BY THE STATURE
IT'S A LION
IN RABBITS CLOTHING

der Morgen glänzt in ganzer Schönheit
Suicide on the Golden Gate
freier Blick aufs Ende der Welt
mit Papito in Sausalito
drüben die Skyline hinterm Nebel
durch den sich die Sonne kämpft
der Geruch des Meeres
dessen Stimmen wie Free Jazz an uns vorbeischwappen
grenzenlose Möglichkeiten
für die, die was wagen
Chardonnay aus dem Napa Valley

gereift im Barrique
dezente Noten von Freiheit
feinrassige Aufmüpfigkeit
gepaart mit wilder Entschlossenheit
spritziges Gelb
dass sich durch die Venen pumpt
sprudelnd auf der lechzenden Zunge
Leidenschaft vortäuschend im Abgang

ich denk' an meine Part-Time-Liebe
damals vor 20 Jahren
Bernard, my hawaiian boy
schlechter Sex im Wasserpfeifenrausch
on the halfway to hell
als ich weiterzog nach Arizona
und seine Spur sich in Seattle verlor
all die Erinnerungen
wie blasse Träume
aus fremden Gehirn-Galaxien
verbrannte Erde
flächendeckend auf meinem Körper
ein Schwelbrand
aus Schweizer Wintertagen
neu entfacht

Strohfeuer
Steppenbrand
Buschfeuer

schwierig unter Kontrolle zu kriegen
unter Kontrolle war ich genug
lieber von der NSA bespitzelt
als vom Buchhalter verpfiffen
angezählt und
ausgemustert

(Seitenhieb für Eingeweihte)

KLEINGEISTIGKEIT FÜHRT ZU FRÜHEM TOD!

San Francisco ist Tod im Treppenhaus
Liebe und Kunst
und ein bisschen Rock'n'Roll
im Siebzigerjahre-Kleid
Vintage in der Haight Ashbury
Little *Janis* had a *Grateful Dead*
mit *Jefferson* im *Airplane*
San Francisco ist aufmüpfiges Leben
und wenn man Pech hat finales Beben
und selbst das wäre uns lieber
als das, was einem mitunter zu Hause passiert

und nicht vergessen: never ever call THE CITY Frisco
once and you are out
(twice and you are dead)

Honolulu die Entspannte

Pacific Breeze
for winter fleas
Tohuwabohu auf Oʻahu
Südseekörper wabbeln in Slow Motion
durch palmengesäumte Alleen im

ItsyBitsyTeenyWeenyHonoluluStrandbikini

kaum auszumachen
zwischen braunen, glänzenden
Speckschwarten

Aloha! grüßt die Boa
hier wird der Thunfisch
seiner Bestimmung noch gerecht

Sashimi im Bikini
im Tanga in Tongo
Samoa Aloha!
die japanische Mittelschicht
stürmt das Sushi-Buffet
Pearl Harbor lässt grüßen

King MEHA MEHA
the only one!!!
hatte 21 Frauen
Gewichtsminimum: 300 Pfund

Amnesie in Polynesien

zeitlos
schwerelos
schmerzlos
Sinn los!
Hauoli Makahiki Hou

Rapa Nui ohne TUI
Aotearoa Maori a priori
Hula Hula
auf Sambula
mit im Boot
die Königin von Thula

*we living Hawaiian lifestyle: **DOING NOTHING***

(sagt das schöne Pummelchen und lächelt)

auch hier kann Rauchen tödlich sein
dann, wenn du wegen Verstoßes gegen das Rauchverbot
auf dem elektrischen Stuhl landest

und doch: alles in allem bekommt einem
die amerikanische Oberflächlichkeit
die mitunter überkandidelte Freundlichkeit
und die übertriebene Political Correctness
selbst die manchmal schmerzende Blödheit
besser
als eine europäische Gleichgültigkeit
auch bei uns gibt es Leute
die wirken auf den 1. Blick
interessant oder freundlich
und am Ende
entpuppen sie sich dann doch bloß
als Arschlöcher
wie emotionale Blindgänger
zu nichts zu gebrauchen

harren sie aus und
warten auf ihre Chance
doch noch zu detonieren
dann heißt es schnellstens
das Sondereinsatzkommando
zur Entschärfung zu mobilisieren
wenn man nicht draufgehen will
Amerika ist kein Traum
höchstens wenn ein Alb davorsteht
doch wo das System versagt
springt der Nachbar ein
wo du bei uns höchstens
gegen verschlossene Türen knallst

in Honolulu traf ich übrigens Elvis
wo wir beide zufällig
unter derselben Palme
Schatten suchten
wir schrieben den 9. November 57
der King stand kurz vor seinem
allerersten Konzert auf Hawaii
Allen Ginsberg hatte gerade *Howl* rausgebracht
und ich fragte Elvis
was er von den Beatniks halte
er schien irritiert
weil ich über einen minderattraktiven Dichterschnösel reden wollte

anstatt dem König die Aufwartung zu machen
Beat find' ich gut, sagte Elvis
Aber diese drogenkonsumierenden Schwuchteln, ich weiß nicht recht. Ich bin da etwas konservativ.
das erstaunte mich jetzt doch
hatte sich doch Elvis
mit seinem Hüftschwung
auch in einem gewissen obszönen Rhythmus
in die Gesellschaft geshaked
und gegen Drogen hatte er
bekannterweise auch nichts einzuwenden
doch bevor ich etwas entgegnen konnte
war er auch schon wieder so schnell verschwunden
wie eine Fata Morgana auftaucht

das Konzert war grandios
er eröffnete es mit *Heartbreak Hotel*
und beendete es mit *Nothing but a hound dog*
die Girls kreischten
und fielen in Ohnmacht
ich war paralysiert
nach dem Konzert traf ich ihn zufällig wieder
als die Wirkung der sechs Blue Hawaii-Drinks nachließ
bemerkte ich
dass ich eigentlich die ganze Zeit
mit Darren Lee gesprochen hatte

einem Elvis-Imitator

aus Kanada!

immerhin der Memphis World Elvis Competition Sieger

er sah aus wie der King

und er sang auch so

und als er meine Hand berührte

geriet ich ein bisschen in Ekstase

innerlich

ich erwog

ihm meinen Zimmerschlüssel

für ein gepflegtes Nümmerchen zuzuschieben

dann erwähnte er seine Frau

and the two years old twins

die Stimmung war im Eimer

ich erzählte ihm

dass ich an einem Artikel

über die Beat-Generation schriebe und fragte

was er davon halte

Beat find' ich gut, sagte der falsche Elvis

Sonst ... na ja ... aber hat mir die Frage heute nicht schon mal jemand gestellt?

er schien verwirrt

von mir ganz zu schweigen

It's now or never ...

stimmte er noch an

aber er hatte seine Chance verspielt

stürmische Tour im Morgengrauen
die Gefahr trägt meinen Namen
das Boot schwankt
ein Held, wer nicht kotzt

Regen
der auf sonnengegerbte Haut klatscht
wie Ziegen auf Pazifiküberfahrt
fahren wir unter'm Regenbogen durch
der Ozean verlangt dir alles ab
dem Mann in der Kombüse
geht die Düse
warum sind wir nicht im Bett geblieben?
der Neoprenanzug steht mir
wie eine zu enge Leberwurstpelle
was unten gequetscht wird
quillt oben heraus

Klassek, Partie of two?!
dröhnt's mehrfach von der Brücke
Untertauchen is also nicht
der Hai gibt sich die Ehre
fletscht freudig die Zähne
er kennt seine hüftlahmen Pappenheimer
ist dann aber doch nur ein Wal

er dreht ab und ich
ich wippe auf dem Wasser
wie eine abgetriebene Boje

* * * *

You   are   overweight   !

mahnt die Matrone am Check-in
und ich befürchte
damit ist nicht nur das Gepäck gemeint
macht 132 Dollar
so billig komm' ich sonst nicht davon
über den Wolken
ist die Freiheit nicht mehr grenzenlos
Zusammenrottungen sind untersagt
das gilt besonders vor den Toiletten
US LAW schlägt zu
und der Air Marshal hat die Hand schon am Halfter

your bag was selected for physical inspection

mit freundlichen Grüßen, TSA

I hate all kind of entertainment
including living

Sincerely yours,
S. A. Klossek

in the dryness of the sky
we should fly slowly …

L. A. die Traumlose

Misosuppe in Little Tokyo
Greentea Icecreme
und der Klositz ist beheizt
aus der Schüssel sprudeln Freudenstrahlen
und ein Fön für den Arsch
ein Thron, der meiner würdig scheint
da lob ich mir den Japaner
das lässt Pearl Harbour fast vergessen
Spirulina-Gebäck für die Spatzen
die gibt es überall
quasi die Chinesen der Tierwelt

those hot dry winds
that come down
trough the mountain passes
and make your nerves jump
and your skin itch
Anything can happen!

Warnung vor den Hollywood-Talentsuchern
schlimmstenfalls enden Sie in einem Pornostudio!
leider habe ich den Zenit
für derartige Angebote überschritten
schade!
I'm tired of all these emancipations

let's quit fucking and just have the cosmic climax
sagt der Typ im Museum
nicht mit mir Freundchen: COPULATION NOT MASTURBATION

the ballad of sexual dependency

if it moves
fondle it

die Zeit, wo ist sie hin, verdammt?
in alle Zellen geflossen und …

… China hat das Jahr des Pferdes
lässt man mich wissen
und siehe da
ich bin ein Pferd
auch wenn ich lieber ein Schwein wär
Pferdgeborene sind witzig und geistreich
agil und intuitiv
da hat der Chinese ausnahmsweise mal Recht
Marriage to a Tiger, Ram, Rooster or Dog would be the most compatible

HORSES DON'T BET ON PEOPLE!

the walk of fame ist
lang, steinig und teuer
vor allem für die, die keinen Ru(h)m haben
der eine baut die Straße
auf der der nächste fährt
Repent your sins
skandiert der langhaarige Nichtsnutz am Hollywood Boulevard
Jesus is coming soon
darauf warten wir aber schon lange

ist ganz schön überfällig der Heiland
Renate aus Nürnbersch verkauft Hollywood Touren
Justin Biber und Pamela Anderson haben noch keinen Stern, sagt sie
wüsste auch nicht, wofür die einen verdient hätten
fürs Eierwerfen auf die Nachbarn etwa?
mir wird schlecht vom Apple Cobbler
can you take off your eyes on me and stare at yourself?
keift eine Furie
vorsichtshalber pariere ich
es ist nicht alles Hollywood was glänzt
in vier Wochen werden die Oscars verliehen
und ich bin wieder nicht nominiert
ein Schnappschuss von Marylins Fußabdrücken
seither hat sich nichts geändert
noch immer werden *Blondinen bevorzugt*
ich wollte immer jemand sein
doch da hätte ich mich schon genauer ausdrücken müssen
egal: viele Wege führen zum Gipfel
die Aussicht bleibt aber immer dieselbe …

WENN DU EINE BLOCKADE HAST – MACH WAS MITTELMÄSSIGES

am Samstag ging ich auf die Rennbahn
ich setzte auf Sieg und Platz
und im Großen und Ganzen auf

lahme Gäule
klar dass ich verlor
ich bin keine Spielernatur
ich hatte keine Ahnung von Pferden
genauso wenig vom Schreiben
sich mit einem Flachmann in der Tasche
auf einer zugigen Tribüne herumzutreiben
machte noch keinen Bukowski aus mir
Was halten Sie von Cross my Shadow?
fragte ein leicht verwitterter Alter
Kein taktklarer Gang, sollte disqualifiziert werden
sagte ich und nahm einen Schluck aus der Pulle
Finden Sie?
Yeap, sagte ich und zerknüllte meinen Wetzettel

L. A. brennt und …
… noch 8 Tage bis zur Rückkehr
noch 8 Tage bis zum Rückwärtsgang
noch 8 Tage bis zur Halbundhalbzufriedenheit
noch 8 Tage bis Jericho

das Problem ist nicht die Schwere des Rucksacks
sondern die Krümmung der Kurve
die nicht einsehbar ist

jeder Mensch nimmt die Farben seiner Umgebung an

Grau in Grau

wie hatte es nur soweit kommen können?

schleichend streift sich die geistige Lähmung über uns
über uns, die einst glühende Idealisten waren
was blieb sind verdrossene Gestalten
die Artigkeiten untereinander austauschen
ersoffen in Seichtheit

und hämisch grinsender Fragwürdigkeit
so stottern wir das Leben ab
sitzen Stunden fast zwanghaft
an minderwichtigen Jobs
und unseren Arsch breit
für einen Shareholder
der unsere Lebenszeit verbrät
und sich die Überschüsse auszahlt
nicht die Treppe an sich
sondern die Höhe der Stufen
macht einem den Weg schwer
und die Ungewissheit
wo und wann sie endet
und ob überhaupt
DASS alles passiert
ist weniger schlimm
als dass es IMMER WIEDER passiert

erbauend ist das jedenfalls nicht
den Sisyphos des alltäglichen
IRRSINNS
zu geben

… WARNING SHOTS NOT REQUIRED …

* * *

St. Gallen die … ach, keine Ahnung

Ansage des Durchsagers
Psst …
Hä?
Durchsage des Ansagers
Was?
das heißt Durchsage des Ansagers

meinetwegen, also dann: **ACHTUNG, ACHTUNG!**

DURCHSAGE DES ANSAGERS:

Der folgende Text ist für Nicht-Eingeweihte weder verständlich noch nachvollziehbar und wird auch später nicht erklärt

Burroughs-Abend im PALACE

der Palast der blütenweißen Stinktiere

Cut-up

Cut-up

schalt doch mal die Dreamachine ab

das sind deine Gedanken, Baby

Bilder

Bilder

cut

die Lemuren

Armeen von Lemuren

Captain Mission

sie greifen an!!!!

reich doch erstmal das Indri rüber

Reh-Lemuren

das sind Reh-Lemuren

die greifen nicht an

die woll'n nur spiel'n

süße, zarte Lemuren
schlingen sich um deine Beine
deine Arme
Brüste
saugen deinen Schwanz
dringen ein
zuckend
sind das dort Ufos?
das sind Mausmakis, herrgottnochmal!
Sand rinnt durch die Finger
und Maria hat 'ne Krise
irgendjemand sucht 'nen Gummi-Leguan
ich bin eine Eieruhr
schon fast abgelaufen

Wie fliegt sich's denn so als Pilot auf Dope?

stellt doch mal jemand die Dreamachine an
oh Gott!, die weiße Katze
ich bin paralysiert
das Sandwich aus der Foccaceria ist versalzen
F. kippt seinen Whiskey
ist das Urban?
wer? die Katze?
der Whiskey?
nein, der Mann da

hysterisches Kichern von den oberen Rängen

Dreama
Dreamasch
Dreamaschi

treten Sie doch mal zur Seite!

Dreamasch
Dreama
Drea

sind eigentlich Epileptiker im Raum?
Zeit ist ein menschliches Elend
cut
er fingerte am zartbraunen Arschloch herum
cut
auf welcher Seite stehst du eigentlich?

zum Wechseln ist es jetzt zu spät
Lava blutet aus der Spalte
ein Schwamm saugt die Nacht auf
Captain Mission
Captain Mission
vier Pyramiden nähern sich
zuckende Schwänze
Insekten, die über uns hinweg fliegen

INVASION! INVASION!

wir liegen vor Madagaskar
und haben die Pest an Bord
poetry not poverty!!!
die rote Insel spaltet sich ab
wie wurden Sie eigentlich Burroughs Freund?
Burroughs hatte keine Freunde
Achtung! Maki von rechts
advice for young people:
never ... was?

Frage des Tages:
WHY NOT?

ach, egal
wo ist denn jetzt mein Joint?
den hast du geraucht

WSB
bewundernswertes Genie
bedauernswerter Verstoßener
verabscheuungswürdige feige Sau
vor allem aber clever
wer erschießt schon die eigene Frau

aus 3 Metern Entfernung
und kriegt das als Unfall durch
WSB
ich bin ambivalent
das Schönste an dir
war dein zweiter Vorname
Seward! Beschützer des Meeres …

mach doch mal jemand die Dreamachine aus
ich krieg Migräne
das sind die BÖSEN Geister
Geister
Böööööse!
rote Nacht
illuminierte Träume
Augenwasser, wo ist Augenwasser?
Cat inside
Cat outside

und was hat das Ganze mit St. Gallen zu tun?

N.I.C.H.T.S.

* * *

all die Jahre
all die Ideen
all die verlorene Zeit
all die wiedergefundene Zeit
all die Kunst
all die Hoffnung
all die Nachmittage im Barnes & Noble
all der Wind
all die Trauer
all die Freude
all die Aufbrüche
all das Leben
all die Schwänze
all das Geld
all die Worte
all die Kälte
all die Bruchbuden
all der Glanz
all die Neins
all die Vielleichts
all die why nots
all die Verlierer
all die Gewinner
all die Zärtlichkeit
all die Lügen

all die Spinner
all der Tod
all das Lachen
all der Müll
all die Distanz
all die Kugeln
all die Musik
all die Wände
all der Schmerz
all die Größe
all die Wichser
all die Nähe
all die Unruhe
all die Fragen
all die Ratten
all die Dekadenz
all der Alk
all die Gestrandeten
all der Lärm
all die Hitze
all die Lichter
all die Zwischenräume
all die Angst
all die Liebe …

New York die Unkaputtbare

crispy Himmel überm Washington Square
im klaren Licht kommen Träume angeritten
greifbar
real
als seist du endlich an einem Ziel
das du gar nicht angesteuert hattest
du verfehlst sie, knapp, klar
sie galoppieren vorbei
ein Stück Hoffnung mit sich reißend
weil du unentschlossen warst
gezögert hast

... IF I CAN MAKE IT THERE,
I'LL MAKE IT ANYWHERE ...

das Leben ist eine Off-Off-Broadway-Show
und du nur die Zweitbesetzung
leise und launisch kommt die Nacht
durch deinen Kopf schießt die Farbe Blau
Träume gehüllt in Seidenroben
ein Zimmer, dessen Wände dich mit gelben Zähnen angrinsen

die Heizung ratrert den Sound dazu
unstet
ein bisschen neben dem Takt
unerbittlich
während der Wind durch die Ritzen zieht
und an deinen freigelegten Hüften eine unvollzogene Erinnerung hinterlässt
deine Hand auf meinem Hintern
während du dir jenen des Liftboys vorstellst
der Himmel beginnt zu summen
auf den glänzenden Straßen tanzen stumme Heere
der Sturm kommt die enge Wendeltreppe rauf
fiebrig hockst du auf Kohlen
gleitest auf Nebeln dahin
als paddelte weißes Puder durch dein Blut
es gibt nichts mehr zu leugnen
diese Stadt
ein Lebensgefühl formvollendet
und schön wie einsames Frühlingserwachen
immer und immer wieder
diese Stadt ist auf meiner Seite

SZENENWECHSEL

da waren wir also wieder
ich unten
du oben

dieses Mal aber nur auf die Bühne bezogen

(von der du herunter lächeltest und mich nicht erkanntest)

statt wie damals am Obersee auf der Lichtung

als wir versehentlich das Kondom verkehrtherum aufgestülpt hatten

und du mich gefickt hast

als gäbe es kein Morgen mehr

und weil du eigentlich

einer Anderen nachgetrauert hast

und alles, was mir blieb eine BLASENENTZÜNDUNG war

endlich gerät nichts mehr aus den Fugen

bleibt mein Puls seinem langsamen Trott treu

ich verzog mich in die hintere Ecke des Saales

und beobachtete mit einem spöttisch-mutterhaften Lächeln

und mit Erleichterung aus der Nummer raus zu sein

deine Neo-Groupies

die werden dir nach dem Konzert

an den Lippen kleben und dir

ihre kleinen Titten entgegenstrecken

in der Hoffnung auf eine versehentliche Berührung von dir

aber in Liebe umarmen wirst du nur M I C H

später

nach dem ganzen Trubel

wir werden uns in die Augen schaun

wie zwei alte Freunde

die sich verloren und zufällig wiedergefunden haben

dick sind wir geworden
und alt
du vor allem
(ich bin in den besten Jahren oder ein bisschen drüber)
ich gerate nicht mehr außer Rand und Band
ich muss mich nicht mehr anbiedern

und du kannst dich gemütlich in den Tourbus setzen
statt dir unter Zürcher Brücken
von mir einen blasen zu lassen
unsre Zeit war grandios
unsre Zeit ist vorbei
zwischen damals und heute liegen Lichtjahre
in denen wir beide unsere Leben
mehrfach verwirkt haben

und trotzdem steh'n wir heute hier, geliebter B.
gefickt vom Leben
und angezählt
aber die letzte Runde ist noch nicht eingeläutet

e schnaps für jedes guete jahr
& für jedes schlächte zwe
für jedes jahr dazwüsche eine meh

we d'füre luegsch,
vogfe sie di vo hinger
luegsch de zrügg
vogfe sie di vo vor

später sitze ich etwas desillusioniert
auf der samtigen Couch
ob ich mich jemals nochmal verliebe?
und wofür eigentlich das Damast-Mieder
maßgeschneidert
wenn ich heut Nacht ungedeckt bleibe?
welch Verschwendung von Natur-Ressourcen
ich muss den Umweltschutz alarmieren

* * *

Leipzig die Heldenhafte

Leipzig ist ein **SCHLECHTES VERSTECK**
das sich selbst Goethe lobte
demonstriert wird montags
der Rest ist Kunst
das Volk bestimmt und
das Volk hat Recht
wer keinen Kaffee trinkt
verliert die Schlacht

(B)ach!

schon Napoleon hatte das Nachsehen
Weltliteratur wird in Auerbachs Keller gebraut
und Barock 'n' Roll in der Kirche

alte Heimat, ich komme wieder
wir singen die alten Lieder
und treffen auch die
die wir lieber vergessen hätten
ach und gugge ma da
der Erstbesteiger meiner Wenigkeit
ist auch vor Ort
gut sieht er aus
fast besser als damals
ich hingegen … aber lassen wir das
schon länger beobachte er meinen Werdegang
das macht nun doch etwas Angst
runter mit dem Gesöff
wie in den alten Zeiten
Mami kommt vom Herrenklo
und ordert Gratiswodka
Papi schüttelt den Kopf
und kann es mal wieder nicht fassen
amüsiert sich trotz allem
so innerlich
ich lese mir einen Wolf

die Schafe der Audienz kichern
Zwischenrufe von Wegelagerern
und Max G. zitiert aus seinem Pony-Porno
der Theologie-Professor verlässt die Spelunke

ICH MÖCHTE DIESEN TEPPICH NICHT KAUFEN

Gnadenschuss der Liebe
anthrohippologische Betrachtungen von der Fohlenweide
dieser Abend wird uns entgleiten
das ist so sicher wie das Amen
in der Kirche
die wir nicht besuchen

die Gäste wechseln erst die Plätze
später die Farbe
manche begehen Fahnenflucht
während andere vom Feinde überlaufen
die gelbe Strumpfhose der Frau Verlegerin
schützt nicht vor Körperkontakt
sie kümmert sich
um Wirt
und
andere
Dinge
wahrscheinlich auch

Männer
das Schlechte Versteck
im Sperrbezirk Schleußig
wird seinem Namen gerecht
und von allen gefunden
von allen
auf die es ankommt
und der hübsche Anwalt ohne Zulassung
will mich beglücken
die Nacht werde ich nie vergessen
ich befürchte allerdings aus anderen Gründen
wenn das schon einer so betont!
im Angesichte des Wodkas
wird mir leicht blümerant
ich bin durchaus interessiert
und durchaus unschlüssig

ich frage den Wirt
der rät dringend ab
man or drops (*den kannste lutschen!*) this is the question
wenn du guten Sex gewohnt bist, würde ich das Risiko nicht eingehen

never choose a book by the cover
and never choose this way a lover

Recht hat er
schlecht ist mir
Magen, komm mir bloß nicht quer!
das ist meinen Fürzen vorbehalten
Leipzig ist ’ne Reise wert
da beißt die Kirchenmaus keinen Faden ab
der Kater nimmt schon mal Platz im Handtäschchen
der Anwalt weint ein bisschen
aber ich kann mich nicht um alle Gestrandeten kümmern
noch eine Runde gelesen
noch eine Runde getrunken
das Licht geht an
die Lampe aus
rabimmelrabammelrabumm

my life is full of strange arrangements

* * *

bis die Tage, sagtest du
als ich meinen Abgang ankündigte
und ich frage mich gerade

welche Tage da gemeint sein könnten:

langsame Tage
geschäftige Tage
flaue Tage
laue Tage
schnelle und träge Tage
Tage voller Hass
und jene voller Zärtlichkeit
Knochenbrechertage
versoffene Tage
vergessene Tage
der Tag, an dem die Welt unterging
und Godot endlich kam
dumpfe Tage
leichte Tage
schräge Tage
Stunden, die zu Tagen werden
die ein Jahr füllen
und ein Leben
verschwendet
runtergezählt
bis zum Ende deiner Tage
und dann ist Schluss

Havanna die Gestrandete

eine frische salzige Brise
weht vom Golf von Mexico
aufs feuchtfröhliche Volk
Trunkenheit
wir sind bereit
um in den Ozean zu schwappen
und das Glas Rum in der Hand
mahnt uns zur Eile
noch einen Schluck
Salsaklänge verhallen
in der Nacht
ein milchiger Mond zieht vorbei
wir sind bereit
zu allem
oder
nichts

die Latinas quetschen ihre fetten Hintern
in zu knappe Shorts
und zeigen der Klum-Fraktion den Mittelfinger
erst ein Je-Lo Gesäß ist ein echtes Gesäß
erhobenen Hauptes wackeln sie

mit diesen Prachtärschen
vor deiner Nase herum
dass du sofort
gleich mitten auf dem Platz
beherzt zugreifen willst

doch die Stadt ist kaputt
die Stadt ist am Arsch
Havanna, die alte Diva
angekratzt
angezählt
liegt sie unter einer Dunstglocke
und atmet schwer
die Kleider klamm
die Knochen brüchig
die Leber versoffen
die Seele krank und
das Make-up, es blättert
bitter
klebrig-süß
und morbid
ist das Leben

in der casa particular
mit verpisster Durchgangstoilette
Urinate von Frettchen-Garnisonen
nächtlicher Beutefänge

die Putzfrau platzt beim vögeln rein
lächelt verstehend
ganz ohne Zähne
die Klimaanlage ist schon lange tot
ganz im Gegensatz zur Libido des Hausherrn
der immer könnte
immer wollte
aber nie rangelassen wird
seine Alte ist zu beschäftigt
mit der Beschaffung von

DOLLARS

das einzige Wort Englisch
das hier jeder spricht
Orlando, mein Liebster
welch Hintergedanken hegst du heute?
sicher sind sie dreckig
und schwarz
wie deine Seele
aber diese Alabasterhaut!
zwischen Seidenstraße und Kakaoplantage erworben
setzt alles außer Kraft
vor allem meinen Verstand

ich koche
ich fahre den Wagen
ich besorge das Geld

ich kümmere mich

er trinkt Bier und raucht

er ist ein bisschen Macho

und ein bisschen Zuhälter

fidel mir noch einen und

ich folge dir

in die Berge der Sierra Maestra

und schließe mich den Rebellen an

die längst verspielt haben

aber trotzdem noch an eine Revolution glauben

die bereits

haushoch verloren wurde

und drüben der F i d e l er auf dem Dach

registriert jeden Bruch des Gesetzes

die Leute sind gut drauf

weil sie immer besoffen sind

und weil sie schon lange aufgegeben haben

und weil es keinen Sinn macht

schlecht drauf zu sein

denn das ändert nichts an ihrer Lage

beschissen ist mehr als geprahlt

Ich weiß, du lügst bei jedem Kuss, lügst, wenn du sagst: Ich liebe dich. Belüg mich eine Ewigkeit, denn deine Bosheit macht mich glücklich.

Stunden
Tage
Wochen verstreichen
ohne zu denken
ohne etwas zu tun
warten ist das Einzige
was möglich ist
unter der glühend heißen Karibiksonne
mit einer Chica im Arm
lässt sich das Elend vergessen
für ein, zwei Stunden
bis dich Che wieder von bröckelnden Häuserwänden angrinst
und dich abmahnt
SOZIALISMUS oder **TOD**
und du sagst dir
Mensch

dass es das noch immer gibt
ist mehr als wahnwitzig
und dann liest du die ***Granma***
das alte Propagandablatt und denkst
Scheiße man

doch! das gibt's tatsächlich noch
und dann kommen dir deine Probleme
plötzlich ganz klein und nichtig vor
und du kippst das nächste Glas Rum

denn drüber nachdenken
macht dich nur krank
unglaublich wie gut

VERDRÄNGEN geht
die blöden Touristen
in den 5-Sterne-Hotels
die meinen sie säßen im Paradies
guckt euch doch bloß mal die Gesichter der Leute an
aus denen spricht die Verzweiflung
einer längst verlorenen Hoffnung
doch du wedelst den Gedanken weg
wie eine lästige Fliege
hoffentlich holt mich nicht das Denguefieber
Mojito?
klar doch
rein damit und hoch die Tassen
Guantanamera ha ha
genau!
Batista, die Sau, war doch viel schlimmer
war er nicht
und das spielt auch keine Rolle
Schluss jetzt damit
Reden ist Silber
Schweigen ist Geld
Zeit für Sex Baby ...

... halb geöffnete Jalousien
in der Calle Consulado
gallegrüne Röcke
an Negermutterärschen
schwenken vorbei
und lenken die mojitospritzigen Ideen
in ungeahnte Bahnen
der Ventilator quietscht
wie eine Ratte auf LSD
mein Kopf dröhnt
vom schlechten Rum
auf dem Bett nebenan
beißen sich Männer ineinander
ein Handy spielt *Für Elise*
nicht für mich
mein Geliebter macht sich Sorgen
zu Recht
allein sitzt er am Malecón
und ruft ins Weite einen Gott an
der nicht existiert
das Meer rauscht rauscht rauscht
Wahnsinnsnächte in Habana
zwei schokobraune Titten
schieben sich in mein Blickfeld
ich greife zu ...

... und hinter den sonnigen Gassen

tobt das Meer

dort wo sie ihresgleichen

unendlich begehren und diese

jungen, starken Körper

doch nicht berühren dürfen

diese unendliche Sehnsucht

das Verlangen, das sie in den

Wahnsinn treibt

da stehen die Jungs

wie dem Meer entstiegen

und ihre glänzende Haut lockt

sie bieten sich an

ohne die geringste Regung

ein kurzer Augenaufschlag

eine minimale Bewegung der Hüfte

die Art wie sie die Zigarette halten

der Ansatz eines Lächelns

komm, komm, hierher jetzt, sagt es

und ihre Schwänze zeichnen sich

steif und stark unter den Hosen ab

und dann überwinden sie die Angst

Maricón Maricón

verschenken sich ohne langes Vorgeplänkel

zu lang war die Zeit des Aufsparens

des schmerzhaften Wartens
und ein inneres Gewitter entlädt sich
manchmal klopft die Staatspolizei
an deine Tür
und manchmal stellt sich unerwartet
Glück ein …

**Y antes de morirme quiero
Echar mis versos del alma**

* * *

… und die Luft flimmert
weite Straße ins Hinterland
matt liege ich auf der durchgelegenen Matratze
des gusseisernen Kolonialherrenbetts
der Zuckerbaron schaut
auf eine Stippvisite herein
in der Ferne traben Rösser
übers Kopfsteinpflaster
die Schlacht bei Dos Rios
ist verloren
der Schweiß rinnt und rinnt
das Leben
ein kleiner Fröstelschauer
der über meine Haut huscht
mehr nicht

der Frühling ist ins Land gezogen
ich spüre das Zittern der Erde
auch in mir bebt es
erweckte Sinne
wie eine Brücke
vom
Unfassbaren
zum
Fassbaren

eine *EXPEDITION INS GLÜCK*

Ecstasy!
shattering one's brain
brushes crashing
penetrating the canvas

man muss sich ausdrücken
die angeborenen triebhaften Dinge
nicht
Geschmack
Erziehung
Verstand
Wissen
Können

die Kunst gehört dem **UNBEWUSSTEN**

das Licht in die Augen fließen lassen
wie es einem Grashalm
über den schlanken Rücken läuft
gestern hast du mich angesehn
als wolltest du mir etwas Wichtiges sagen
zum Beispiel, dass du mich liebst
oder Schluss machst
ist ja fast das gleiche

zünden wir uns eine an

la fumée est une chose sacrée
qui vous immatérialisme
on voit tout dans
la fumée

toutes les femmes sont belles

Zürich die Schöne

manchmal auch Großstadt

nachts

hochgespannte Dichtheit

die Eindrücke

die sich bis zur Gleichzeitigkeit steigern

brutal realistisch und

gleichgültig

märchenhaft

wie die Stadt selbst

das Leben

wie von Scheinwerfern roh beleuchtet

und entstellt

dann über dem Fluss

in eine Glanzheit verschwindend

die sich in den See ergießt

wie flüssiges Gold

träge auf dem Wasser wippend

unvergänglich

und

betörend

so weit so gut

zurück zur Realität

Lesung im Café Zähringer
zum Start keiner da
keine Autoren
keine Veranstalter
nur ein paar Gäste
die nichts Böses ahnen
und ich
hinbestellt und dann
nicht abgeholt

in der Ecke ein Neil Young Verschnitt
schrammelt sich die Finger wund
ging schon 3x mit dem Hut rum
ich frage mich durch
wer sich verantwortlich fühlt
natürlich keiner
dann: eine junge Frau
Marke Philologie-Studentin
schraubt sich in Zeitlupe hoch
WARUM?
das ist ein gute Frage
so generell
denke ich

weil ich zum Lesen eingeladen wurde
sie schaut mich an
scheint zu überlegen

ach du bist das
dann setzt sie sich wieder
gedankenverloren
mit lascher Körperhaltung
vergessen
warum sie hier ist
wohl auch kaum nach einer Antwort sinnend
ein langhaariger Typ
mit Abraham Lincoln Gedächtnisbart
kommt angeschlendert
outet sich als Teil der Veranstaltercrew
erstmal aufs WC, dann ein Bierchen
und die Lesung?
das wird dann schon
Studenten der Philosophie und
vergleichenden Literaturwissenschaften
noch nie gearbeitet und
mit der Kunst kriegen sie's auch nicht gebacken
ewig Zeit und Lust zu nichts
Uhrzeit nur ein Richtwert
an den man sich halten kann
aber nicht muss
alle tiefenentspannt
fast schon tot
die Rauch- und Saufpause länger

als die Lesung selbst
gehaltvoller allemal
man scheint mich während meiner Performance
zu analysieren
Ergebnis: ein angewiderter Blick
dazwischen der tattrige Kellner vom Zähringer
lässt scheppernd in der Küche was fallen
schaukelt sich durch die Reihen
nimmt Tischkanten mit
und schwappt Rotwein auf Manuskripte
auf der Tafel hinter der Theke:

DER KAFFEE FÜR DEINEN TÄGLICHEN AUFSTAND

doch von Rebellion nichts zu spüren
kein Ansatz von Wille erkennbar
egal wozu
so wird das nie was mit der Revolution
scheint aber auch scheißegal zu sein
die Dümpelmeister von heute
die Elite von morgen?
schwer zu glauben
und doch erbärmlich wahr
und dafür hab ich den *Tatort* sausen lassen

WENN MAN IMMER DASSELBE TUT AUF IMMER GLEICHE ART KOMMT AM ENDE DASSELBE WIE IMMER RAUS: NICHTS

ich gehöre nirgends dazu
für den offiziellen Literaturbetrieb zu wild
anarchisch
politisch unkorrekt
und obszön und
für den Underground zu künstlerisch
kryptisch
surreal
absurd
und ich bin eine Frau (*die kann doch sowas nicht*)
und vor allem zu wenig versoffen
zu wenig mit Nutten und Fixern beschäftigt
zu wenig arbeitsscheu

viele dieser Underground-Dichter
halten sich für den zweiten Bukowski
dabei gab es nur einen
da geht's Hank gewissermaßen wie Rudi Völler
oder dem Highlander
sie meinen, sie führen ein Leben wie Chinasky
haben sich aber noch nie geprügelt
oder eine Rennbahn von innen geseh'n
schreiben aber drüber

als seien sie der Turfmeister persönlich
für Nutten fehlt ihnen der Respekt oder das Geld
und in L. A. würden sie keine zwei Wochen überleben
auch sonst sind sie viel feiger
sie leben, oft freiwillig, man ist ja Künstler
von Hartz IV und schimpfen auf den Ausbeuterstaat
weil er nix gegen ihre Misere unternimmt
sie mimen den armen Poeten
während Bukowski morgens um 6 anderer Leute Post verteilte
oder auf den schmerzenden Schultern
gefrorene Rinderhälften durch die Gegend hievte

jahrzehntelang

die meisten wissen gar nicht
was Dreck ist
ich meine, weiß ich auch nicht
aber ich tu auch nicht so
als wüsst ich's
nicht mal zum echten Alkoholiker eignen sie sich
wie war's denn in der Ausnüchterungszelle?
ach, noch nie dagewesen
eben
und dann hörn sie klassische Musik
obwohl's ihnen gar nicht gefällt

abgenudeltes nuttensaufenficken Epigonentum

oder sie keine Ahnung haben
und wenn sie auf Facebook posten
dass sie grad Beethovens 12. hören
ist das der Beweis dafür
keine Ahnung
genauso wenig wie vom schreiben guter Gedichte
oder vom Leben eines Underdogs
der gar keiner sein wollte

sie scheren sich in erster Linie um den eigenen Arsch
manchmal um Politik oder Umweltschutz
und nachhaltige Ernährung
während sie billigen Fusel in sich reinkippen und gucken
dass das Kindergeld pünktlich reinkommt
damit sie die Miete begleichen können
für ihren FESTEN Wohnsitz
für den sie selber kaum gearbeitet haben
Chinasky hat sich um gar nix geschert

Tage im Bett zu verbringen
zu wichsen
über den Durst zu trinken
und dann nächtens
ein paar Gedichte übers Ficken mit dreckigen Fotzen hinzurotzen
macht noch lange keinen Bukowski aus ihnen

woher nehmen die das Selbstbewusstsein zu meinen
sie wären einer?
und liest man Bukowskis Briefe und Essays
stellt man fest
dass vielen auch der nötige Geist fehlt
der alte Hank würde sich im Grabe umdrehen
wenn ihm das nicht alles an seinem Hämorrhoidenarsch vorbeigehen würde

HORSES DON'T BET ON PEOPLE, BABY!

unterdessen debattieren im Zug
7 Frauen über Probleme
die die Welt nicht braucht:

DIE KUNST DES SOCKENSORTIERENS

lerne und merke:
sie trage weiße Socken
er trage schwarze Socken

Kindersocken werden mit einem Sockenclip zusammengehalten
und: schwarze zu schwarzen

nicht mehr ganz schwarze zu nicht mehr ganz schwarzen

hoffentlich sortieren die nicht auch
Menschen nach diesem Muster!

Luzern der Touristentraum

die Leute wachen morgens sauertöpfisch auf
und bleiben auch so
für den Rest des Tages

im Regionalexpress im Innern der Schweiz
kann's ganz schön eng werden
so draußen
und auch im Kopf

akustischer Restmüll
IT-Infrastruktur-Probleme und
Service Level Agreements

…*'in einigen Minuten erreichen wir Rotkr…*

… wir auszustei…

Reisende in Richtung … kkkkkrrrrr …

Herr Baumann, hören Sie mich, ahhh! Ich …

ich sitz eben grad im Zug …

… ich Ihnen eine neue Lizenzverei…

…pätung zu entschuldigen …

... hallo? ...

...ben Sie denn das File nicht beko...

... hä, hä ... ja, ich war grad im Tunnel (Lüge! Anmk. d. Red.)

draußen pflegen Mittvierziger ihr Handicap

Schwerter zu Pflugscharen
Kuhweiden zu Golfplätzen

wo soll das bloß noch hinführen?
kann ich mich mit 47 frühpensionieren lassen?
ich wär so gern eine Briefkastenfirma
satzungsmäßiger Sitz ohne 'Führung'
anonym und haftungsbeschränkt

im Schatten meines eigenen Seins
der Rest ausgelagert auf die Cayman Islands

* * *

was Beziehungen und Freundschaften anbelangt
haben die Leute einfach keinen Biss mehr
heute glaubst du einen neuen Freund gefunden zu haben

und morgen ist es
als hättest du nie existiert
ihre Aufmerksamkeitsspanne ist kürzer
als das Leben einer Eintagsfliege lang ist
und wenn du dich gerade schickst
dich auf etwas einzulassen
tauchen sie ab
die Meister der Unverbindlichkeit
ab in die Katakomben des World Wide Web
manchmal kriechen sie unvermittelt wieder hervor
dann, wenn sie nach einer durchsoffenen Nacht
mit einem Kater und
ein bisschen geil
alleine zu Hause aufwachen
und du ihnen zufällig
in den Sinn kommst
weil sonst grad keiner da ist
oder ihnen niemand anderes einfällt auf die Schnelle
dann kriegst du vertraute Nachrichten
und fühlst dich für einen Moment begehrt
oder zumindest nicht vergessen
und du denkst
sie meinen dich

wenn du in was drinsteckst
musst du alles geben

doch die ewige Funkstille
die darauf folgt
belehrt dich eines Besseren
und dann liegt irgendwann ein Brief im Kasten
handgeschrieben
mit Füller auf Papier

und du denkst: DAS IST DER ANFANG VON WAS GANZ GROSSEM

und bevor du deine Antwort abschickst
machst du noch eine Kopie davon
damit der Briefwechsel archiviert ist
für den Bestseller
den du später damit landest
und dann wartest du
und dann passiert

was immer passiert:

n i c h t s

dazwischen Leben wie immer:

als der Gastgeber uns eröffnete
der nächste Hitler sei eine Frau
entglitt der Abend für einen Moment

was du hast
wozu das Ganze sonst?

schnell wurde das Dessert gereicht: eine Tupperware-Dose voller Drogen
das Gras roch nach Kamillentee
und an den Inhalt der selbst abgefüllten Kapseln
mochte sich keiner mehr so genau erinnern
schließlich warf der Herr des Hauses einen Trip
und sich später an mich ran
sein Gesicht in meinem Ausschnitt
und seine Zunge in meinem Hals
waren zumindest für seine Gattin
keine Halluzinationen

KEINE Drogen ist wirklich nichts für ZARTBESAITETE

* * *

Locarno die Abermilde

schwermütiger Himmel
lässt Blüten regnen
Damen mit feinöliger Blässe im Gesicht
und zigarillogeschwängerter Stimme
das Dekolleté in Plissee gehalten

wir sind Reservisten der Liebe

Señoritas mit dicken Hintern
Espresso, der seinen Namen verdient
adoleszente Hündchen
flanieren mit ihren Herrchen
am Ufer entlang
unter dem Holunder wartet die Panikattacke

ein Traum von Frühling
Diagnose: Stoffwechselkrankheit Leben

im Hinterland fräst sich die Autobahn
durchs unwegsame Gelände
hinterlässt ausgeblutete Erde

auf der Straße nach Süden jede Menge KOLLATERALSCHÄDEN

abgeblätterter Charme
einer alternden Dame
von der Latrine aus schau ich auf den See
stoisch ruht er in sich
wartet auf das nächste Opfer
das es in die Tiefe zu ziehen gilt

kleine Stadt mit großem Platz
auf der selbst der Regen Freundlichkeit ausstrahlt
nicht Schweiz
nicht Italien
weder Fisch noch Vogel
vegane Chimäre vielleicht

Pinien, die Trauer tragen
Tauben fressen Grassamen weg
am Rhododendron riecht's nach Haschisch
eine Geige weint
vorm Hotel ROSA krümmen sich die Palmen
wie Versehrte
aus einem längst vergessenen Krieg

die italienischen Männer
selbstverliebte Machos
die ein Leben lang
an Mutters Rockzipfel hängen
und mit 30 Speck ansetzen
diese Männer haben durchaus was für sich
durchaus was an sich
einer Frau etwas vorgaukeln
können sie

erst ein Gelati
dann Fellatio

UNA RAGAZZA REALE
UNA DONNA FATALE

dass man am Ende
an die eigene Weiblichkeit und
ihre absolute Schönheit glaubt

und auch wenn man es besser wüsste

keck mal JA sagt
notti italiane
das Kleid rutscht einen Deut zu weit nach oben
Vino Rossi tropft zwischen die Brüste
die wie die Erde beben
im Pre-Vulkanausbruch-Zustand
eine Leguanzunge leckt trocken
später feucht   er hält mehr
                        als er verspricht

ich bin eine Kugel Gelati
die langsam dahinschmilzt
zerläuft
sich von sich selbst entfremdet
und im hysterischen Moment
eines neuen Aggregatzustandes

klebrig-süß
im Schlund des Cavaliere
ihr Ende findet

die Jungen
in Motorbooten peitschen sie übers Wasser
als gelte es zu entkommen
frisch rasierte Beine
strecken sich der Sonne entgegen
auf den Felsen von Valle Verzasca
packen die Schwulen
ihr nacktes Fleisch in die Auslage
saftige Hüftsteaks
magere Rippchen
blasser Rollbraten im Speckmantel

Seen haben was Bedrückendes
Endgültiges
als würde man nicht mehr rauskommen
im Kamelien Park nahm sich Madame das Leben
während er an seinem Handicap 37 arbeitete
der Wind trug Lindenblütenduft gen Westen
und ein Schwan stimmte den Abgesang an
die Tiere lauschten
und neigten ihre Köpfe
nur die Menschen
machten weiter wie bisher

sie stecken das Gelände ab
und markieren ihr Revier
starren Blickes
wie läufige Hunde
stieren sie auf die Schönen
die sich selbstverliebt räkeln
und sich an der Lichtspiegelung
auf ihrem eigenen Bizeps ergötzen

Mami, was isch Femmfatal?
Das isch die Frau, die uns dä Papi weggno hätt!

zum Glück führt der Fluss
in die Welt hinaus
Bataillone von Salamandern
geben sich die Ehre
bis sie unter sonnenbeheizten Steinen verschwinden
ein blaues Haus birgt den Geist von Frida Kahlo
das Wasser kühlt
trägt alles Schlechte davon
auf den Gipfeln letzte Reste von Schnee
kurz vor der Kapitulation

primavera

e

speranza

das ganze Leben ist eine einzige Korrektur
schreibt mir Malorny
es ist so unberechenbar wie ein Schwingdeckelmülleimer
das nenn' ich Literatur
wieso fällt mir nie sowas ein?

* * *

Rom die Ewigliche

auf dem Weg lese ich *The Book of Questions*
kann ja nicht so schwer sein
so ein paar Fragen, denke ich
ich scheitere bereits bei Frage 1

ich bin Desintegration

und die Zeit, sie rast
im Intercity-Tempo
im Neigezug
nur der Italiener
der lässt sich Zeit
und Alitalia ist überbucht
der Bus ist überfüllt
oder kommt zu spät
oder gar nicht
und der Taxifahrer hat keine Lust
dasse isse alles hier Largo Argentina
sagt er schulterzuckend
und schwubs steh ich auf der Straße
im NIRGENDWO
zwischen zweimillionen Touristen
schön, die Zeiten
als die Chinesen und Russen
noch zu Hause blieben
und der Petersdom ein Gotteshaus war
offen
für jedermann
ohne Eintrittsgebühr und
kilometerlange Schlangen

und Mami ist kurz vorm Kollabieren
in der Sixtinischen Kapelle
Michelangelo
der alte Pädophile
kein Kostverächter war er
käme heute sicher vor Gericht
der Edathy der Hochrenaissance
und
das Forum Romanum
versinkt in rotem Schlamm
die Götter lassen den Himmel weinen
klotzen konnten sie
die alten Römer

Reich zwischen Größenwahn und Blutorgie
Nero das alte Scheusal
kam schon als Steißgeburt zur Welt
mit den Füßen voran
Muttermörder
Selbstmord-Befehle
Pyromane
oh Tacitus, oh Cassius Dio
Meister der Geschichtsfälschung
orientalische Weltuntergangs-Sekte

steckten Christen Rom an?
war Nero der erste Pop-Star der Geschichte
gescheiterter Rebell?

19. Juli 64
der Tag, an dem Rom brannte
und der Stern Sirius erstrahlte am Morgenhimmel

Ave, Caesar, morituri te salutant
du kannst deinen Daumen halten wohin du willst –

ich bin *LA LUPA Capitulina*

Wölfin, die die Menschenkinder säugt
obwohl's kaum eines verdient hätte

und Calpurnia hatte Alpträume

Cave Idus Martias

doch du wolltest ja nicht auf deine Frau hören
Verschwörung der Senatoren
und
23 Dolchstiche

auf der Piazza Navona
baute sich A.
seine zweite große Tüte
als sich Nil, Ganges, Río de la Plata und Donau vereinten
fühlte sich M. leicht erleuchtet
Michelangelo schnitt währenddessen

O TEMPORA, O MORES!

Auch du, mein Sohn!
und Brutus grinst sich eins
und

Mami hat noch nicht genug
besteht auf der Spanischen Treppe
ich mach gleich die spanische Fliege
da hilft nur noch ein heißes Bad

IT'S STRICTLY FORBIDDEN TO USE ANY KIND OF BATHFOAM WHILE OPERATING THE WHIRLPOOL

tja, Pech
Klosseks Roma
wie Fellini nur mit Bubble-Bad

und dann die römischen Nächte!

Sehnen fein säuberlich aus einem Oberschenkel
ab und an bogen wir falsch ab
im Großen und Ganzen aber
liefen wir so rum
alle Wege führen nach Rom
nur nicht wieder raus
das hatten wir nicht bedacht
in einem Haus eierte ein Dutzend Äthiopierinnen
unter ihren Trockenhauben herum
die Ethik entscheidet über die Moral der Religion
(oder umgekehrt)
sagte A. süffisant grinsend
und M. kippte rücklings aus dem Designersessel
Frau Dr. K. schrieb alles akribisch auf
und spülte die Nacht
mit einem warmen Wodka runter

beim Anblick der Venus von Urbino
warf ich Jakobsmuscheln in die Pfanne
und mein Leben in die Waagschale
irgendwas war gewaltig
aus dem Gleichgewicht geraten

*
* *
*

Mick schrieb
Nutten seien ihm egal
er bevorzuge dralle Engel
für einen kurzen Moment
dachte ich an mich
aber von Engel
kann nun wirklich keine Rede sein

If You Could See Me Now

das Schöne am Zurückkommen ist
dass man vorher weggehen konnte
das Flugzeug voller Idioten
Invasion der Barbaren
mit 120 Dezibel
kommunizieren sie über 20 Reihen hinweg
Raul Meier, seines Zeichens Flugkapitän,

um 10:38 ging die Katzenkönigin von nebenan
in die ewigen Jagdgründe
die Katze, die sie Kamel nannten
sie lag tot im Hof
der Sonntag war vorher schon bleiern
eine Chet Baker-Wolke hing über dem Tag

immer ist irgendetwas
was sich einem auf die Fettleber legt
da hilft auch keine Morgenmediation

ist nicht zu verstehen

sein Vorname in der lächerlichen Rolle des Kontrapunkts

die Frau zur Rechten liest *Eine Nacht mit ungeahnten Folgen*

ja, das wäre mal wieder was

ist wohl aber nicht zu erhoffen

auf dem linken Auge sehe ich 120 Prozent, teilt sie mir mit

also auch das Nicht-Sichtbare, nehme ich an

mir reicht schon das

was offensichtlich ist

so klar will man das doch alles gar nicht sehen

Sicherheitsdemonstration und

Tom & Jerry in Endlosschleife

in 2 Minuten geh'n wir in die Luft

sagt die Oma zum Enkel

na pass mal auf, dass es bei mir nicht schneller geht!

*ihr müsst die Zeit zwei Stunden zurückstellen,

sonst kommen wir zu spät in die Kirche*

dieser Satz enthält drei Fehler

wieso sind die Leute so verblödet?

die IRA hat unsauber gearbeitet

und in die Kirche

kann man nie spät genug kommen

Dublin die Literarische

ein Geruch von Torf
schwere Himmel über dem Land
unendliche Flure im *Double Tree* Hotel
wie bei einer Co-Produktion von Kubrick und Lynch
im Fahrstuhl wabernde Wolken der Marken
seniler Moschusochse und
alte Zimtzicke
und der Earl of Meath
erwartet mich in der Orangerie
Palmen und Zedern
barocke Gefühle
in den miroirs d'ean dümpeln die Seerosen

The wilderness of Killruddery
and Barry Lyndon fackelt Powerscourt ab
der Garten, ein begehbarer Monet
Rapunzel stürzt sich vom Pepperpot
geradewegs in den italienischen Garten
Schnörkelbrücken führen nach Japan
wo das Zen-Programm schon läuft
und auf dem Tierfriedhof ist das letzte Einhorn begraben

THE RAIN WILL TURN HEAVY AND PERSISTANT

SENTENCED TO DEAD FOR HIGH TREASON

später in Temple Bar
am Fuße des Flusses Liffey
spiele ich die ganze ULYSSES durch

letzte Reste von Barbarentum
damals, als die Normannen kamen
Männer aus dem Norden
die Fitzgeralds und Fitzpatricks
um mit dem gälischen Pack aufzuräumen

und die alten Kirchen brannten
und ein neues Recht zog ein
in Kilkenny, Glendalough und in den Wicklow Mountains
und später kam Mel Gibson
seither scheißen die Schafe unterm HOLLYWOOD-Zeichen

*As you are now
so once were we*

der Kanal riecht nach Terpentin
oh Dubh Linn!
oh schwarzer Tümpel!
und vorm Fitzsimons sitzt eine adrette Rothaarige und
schreibt an einem Theaterstück
deren Szenen sie laut skandiert
und ein Mann trägt eine Richter-Perücke durch die Gegend

ALL POETS ARE MAD

die Sonne brennt
auf die Pubs
die Kathedralen der Kontemplation
und des Rausches
ich denke an zu Hause
an den Job ohne ersichtlichen Sinn
die fragile Wetterlage
und die Freunde
die erst nach 3 Tagen merken
wenn du weg bist
oder tot
was dann auch egal ist

ziellos durch die Welt zu tingeln
ist besser als ein multipler Orgasmus
nicht, dass ich welche hätte
gibt's wenigstens nichts zu vermissen

manchmal möchte ich wirklich
alle Leinen kappen
NA DANN TU'S DOCH!
höre ich sie rufen
nicht verstehend

dass sie persönlich gar nicht gemeint sind
vielmehr so diese seichte Welle
die uns alle von Zeit zu Zeit überschwappt
nicht mal ansatzweise Tsunami-Charakter
ein lauwarmes Wässerchen
das uns umspült
und heimlich still und leise
zum stehenden Tümpel wird
den Gestank krieg' erstmal wieder weg!

Is this free here? I'm very quiet
sagt der nette Ire
und von mir aus könnte er *ruhig* laut sein
eben so innerlich
die ganze Suppe zum brodeln bringen
und uns dann in groben Brocken
vor die Füße spucken
Ich wollte das Sandwich MIT der Suppe
sagt er dann
aber an so einem Prachttag sei das egal
in Heidelberg durchlief er

THE SCHOOL OF LIFE

und es scheint
als habe er da einiges gelernt

Sean, der Professor für Literatur
wie sich herausstellt
der morgens meditiert
und nachts zum Tier wird
Du würdest eine gute Molly Bloom abgeben
sagt er noch
und ich kann ihm da wirklich nur beipflichten

Abende im Hotelrestaurant
der Anfang von Ende
im Ballsaal nebenan Gelächter
ein Saal voller gut gelaunter Neger
(*das sagt man heute nicht mehr*, zischelt die Souffleuse)
in Anzügen und farbigen Kleidern
nicht nur von den Damen getragen
dass ich überlege
wie ich mich unbemerkt dazuschmuggeln kann
ich denke an Selma zurück
wo wir die einzigen Weißen waren
umgekehrte Welt
die jeder mal erleben sollte
unser Raum hier hingegen
leicht unterkühlt
ein Japaner füllt sein Baby mit Brei ab
aus der Tupperwaredose
vom Kellner aufgewärmt

der bereits zweimal gegen die Glastür gerannt ist
und Püppi am Nebentisch
hat vergessen
sich vollständig zu bekleiden
und zum Krabbenfleisch mit Cucumberschaum
besingt Charles Aznavour
seine Liebe

die ihm abhanden kam
Maria sendet eine Nachricht
dass er jetzt endgültig zerstört sei
der soll doch mal gucken
was ich hier so mitmache
denn jetzt singt Carla Bruni
was drei fette Schotten
(thank God in Hosen!)

irgendwie als Einladung verstehen
zum Erdbeerparfait singt Raúl Paz *ME VIDA*
tja, meins erst!
die Ladies nebenan
alle dicker als ich
trotzdem: schwarz macht schlank
auch wenn sie mehrheitlich Weiß tragen
die Stimmung kippt ein bisschen ins hysterisch Aufgekratzte
und am Ende werden wieder alle betrunken sein
sollte ich warten

bis die Ersten in die Bar rüberschippern?
die strammen Stammeshäuptlinge
in ihren bunten Roben
doch dann lese ich das Schild:

REDEEMED CHRISTIAN CHURCH OF GOD

na dann wohl eher nicht

Tage später irre Festivals in
god old Baile Átha Cliath

down with Jazz ...
This song is for the Germans in the house tonight!
Yeach!!!
Ähm, I don't like the Germans
_
... und Dance
Ponies don't play football (content partial nudidity)
wahrscheinlich aus demselben Grund
warum ausgewachsene Pferde nicht auf Menschen wetten:

DU KANNST NUR VERLIEREN

jemand fragt mich
ob ich Torf rauchen will
dann riechst du nach Whiskey
sagt die rote Betty
Betty!

mit Haar wie eine Füchsin
und der porzellanweißen Haut
durch die blaue Äderchen scheinen
besprenkelt mit sparsam verteilten Sommersprossen

und

dem wohltemperierten Schoß
im Pub *Lynch the Swan*
streckt sie mir ihre Brüstung entgegen
sorgsam verpackt
und diese Musik!

geschwängert von Sehnsucht
selbst die fröhlichen Lieder sind traurig
Betty!

am Ende ist dann immer weniger
als man am Anfang meinte
dass am Ende sein müsste

Oh Betty!
Schmetterling für eine Nacht
der schon zur nächsten Blüte geflattert ist
aber rotes Haupthaar habe ich schließlich selbst

was brummt'n und schepper'n da so?
dein Schädel!
der Tag nach gestern
ist heute
wär besser
wenn er morgen wäre
doch

dann mein **Meer**
in Anthrazit getaucht
öliger Nachmittag in Sandycove
trutzig stellt sich der Leuchtturm
in den Weg

Wolken hängen wie schwere Euter über der Stadt

FORLONE SUNDAY

einem Hund fehlt ein Bein
aber er hat ja noch drei
da ist er klar im Vorteil

ich denke an die letzte Nacht
ich denke an dich
alles führt zu nichts
und überall hin

* * *

der Sommer ist das Arschloch
unter den Jahreszeiten
er zeigt dir, was du alles nicht hast
eine alles verzehrende Liebe zum Beispiel
die weh tut
wenn sie da ist
die weh tut
wenn sie weg ist

der Sommer
er macht dich ganz wild und
aufmüpfig
du wirst risikofreudig und denkst nur noch an
SEX   SEX   SEX
mitunter hast du sogar welchen
zufällig auf der Straße gefunden
in lauen Tropennächten

wenn der Schweiß zwischen deinen Brüsten herunterrinnt
vorbei an der immer feuchten Muschi
die sich verzehrt nach einem Schwanz
wie dein Herz nach einem
der deine Hand hält
und deine Zweifel ausräumt
alles ist dann plötzlich möglich

einer, der für dich da ist
ganz leise und selbstverständlich
der dich in den Schlaf wiegt
wenn du in alkoholgetränkten Wachträumen waberst
einfach mal so daliegen
ohne Fragen
ohne Verpflichtungen
bis zum nächsten (Morgen)Grauen

der Himmel ejakuliert
entlädt sich in Blitzen, Donner, Hagel
die Götter im orgiastischen Aufschrei
Samstagnacht
sie rufen nach dir
die Libido und
das Leben

ich liebe Arschlöcher und der
Sommer ist eines der größten

ich gerate immer wieder auf Abwege, ich weiß
und trotzdem oder gerade deshalb, finde ich
selbst durch stockfinstere Nacht
am Ende doch immer wieder zu dir mein Freund
du bist so 'ne Art Echolot

manchmal kommen wir uns abhanden
so mit der Zeit
im Lauf der Dinge
aber gerade heute empfinde ich
eine tiefe, reine Liebe für dich
die keine Fragen offenlässt
und im Schweigen ihre klarste Antwort findet
nenn es Gefühlsduselei

vielleicht ist es der bewusstseinsverändernde Einfluss der Goldberg Variationen
oder diese sanfte Sommerbrise
die meine heiße Stirn kühlt
trotzdem ist das alles echt
jetzt in diesem Moment
greifbar und wahrhaftig
auch wenn ich andere Männer begehre
manchmal so sehr

dass ich alles infrage stelle
was am Ende bleibt sind
WIR

(Ode an den Gatten)

du stehst auf
du vollführst die täglichen Rituale
dieses Gesicht im Spiegel!
eine Fliege reibt sich die Vorderbeine
als würde sie etwas aushecken
hinter den Türen der Nachbarn
Ignoranz und Angst
im Radio informieren sie über die neusten Staus
und Gegenstände, die auf der Fahrbahn liegen
manchmal wärst du gern so ein Gegenstand
überrollt vom 20-Tonner

*
*
*

es ist gut zu wissen
wenn man mit einer Sache durch ist

du schminkst dir die Lippen
und gehst raus in die Hölle
und manchmal ist die gar nicht so schlimm

wie allgemein behauptet wird
du weißt, wer du bist
und auch, was du nicht willst
du bist mit vielem durch
und eine Wiederbelebung wäre nur **Zeitverschwendung**
du weißt, dass du zu viel trinkst
und warum du nicht aufhören wirst damit
da draußen gibt es zu viele
die nüchtern sind

manchmal denkst du ans Ende
dann rufst du jemanden an
der dich eigentlich nicht interessiert
und du interessierst ihn auch nicht
aber er ist froh, dass mal jemand angerufen hat
beide verachtet ihr die Menschen
nur aus unterschiedlichen Gründen
darum könnt ihr nicht zueinander finden

aus dir tropft die Weisheit
aber keiner hat ein Glas
um sie aufzufangen
du legst dich ins satte Gras
auf der dunklen Seite eines Baumes
der diffuse Himmel

der durch seine Krone leuchtet
Magie entsteht mit oder ohne uns
egal wie sehr wir uns bemühen
sie zu zerstören
du bist jeden Moment lebendig

trotz des Unvermeidlichen

du bist eigenwillig
das ist das größte Problem von allen
du denkst über das Leben nach
und kommst zu keinem Ergebnis
da sind so viele gute Leute
die tot sind
und adäquater Nachschub ist rar
das Leben ist dein Verhängnis
doch du betrittst die Arena aufs Neue
niemand nimmt dich zur Kenntnis
wenn du abtauchst
interessiert das keinen
außer vielleicht den Stromlieferanten
je komischer du wirst
umso weniger Leute woll'n was mit dir zu tun haben
das ist die gute Seite an der Geschichte

du drehst deine Runden
und im Abendverkehr steh'n sie wieder im Stau
die Stadt kotzt dir vor die Füße
die Nacht kommt auf irren Sohlen
du schaltest den Fernseher ein:
Talkgäste nach der Lobotomie
und Bildungsbürgerwichse auf Arte
du willst nur noch schlafen
schlafen ist gut
ein kleines Vorspiel zwischen dir und dem Tod
an dessen Ende er eines Tages den Sieg davontragen wird

Dubai die Größenwahnsinnige

Träume auf Sand gebaut
Was machen Sie hier?, fragte mich der Mann mit dem Bart
Ich bin nur auf der Durchreise
Sind wir das nicht alle irgendwie?
dann drehte er sich um und verschwand in der Menge
ein Koffer stand allein in der Ecke
aber keinen interessierte das
Abendländer verüben keine Terroranschläge

sie wollen nur konsumieren
draußen hatten wir 45 Grad
da kann schon mal der Turban verrutschen
ein heißer Luftschwall schwappte mir entgegen
wie von einem Riesenföhn
ich weiß nicht, wie man hier leben kann
aber schöne Hochhäuser haben sie
um sich runter zu stürzen
eine Stadt als Einkaufsparadies für käufliche Träume
aus Perlen und Seide
man möchte sich der Karawane anschließen
und davonreiten ins Nichts
Perlenfischer winken aus Windturmhäusern
und im Beduinenzelt fickt der Scheich seine 40. Frau
Leben aus Glas
Edelsteine für die Haremsdame
der A380 hebt sich behäbig in den Wüstenhimmel
zum Glück haben wir die Ukraine hinter uns
Raketenabschussrampen sind kein Spielzeug
sagte Putin und drückte aufs Knöpfchen

Port Louis die Angezählte

Logbuch, Tag IV: Port-Louis – ein heruntergekommenes Drecknest, das mit nichts mehr an die glorreichen, kolonialen Zeiten und den alten Charme unter Gouverneur Mahé de Labourdonnais erinnert. Die Mannschaft ist demotiviert und übt den Aufstand. Ich weiß nicht, wie eine Meuterei zu verhindern wäre. In diesem Blue Penny House liegt in einer Vitrine hinter irgendeinem neumodischen Panzerglas einer der 12 verbliebenen Fehldrucke der "Blauen Mauritius", für den die Stadtväter 4 Millionen Dollar gezahlt haben. Was für eine dekadente Lächerlichkeit. Wir werden die Briefmarke entwenden müssen, vielleicht auch die Tochter des Gouverneurs entführen, und mit dem Lösegeld die Stadt sanieren, bevor sie in alle Einzelteile zerfällt und dem Indischen Ozean überlassen wird. Vielleicht hält das auch ein paar meiner Männer bei der Stange. Einzig die alten Bäume mit ihren knorrigen Schmarotzergewächsen erinnern an die guten alten Südstaatenzeiten, als wir geschlossen Savannah eroberten. Aber das ist nur sentimentaler Quark. Captain Klo., Julie, 23 im Jahre 14

erste Gemischtwarenpärchen
schlendern vorüber
Kapitän Dickweißbauch und Fröillein Mulattengesäß
bilden vorübergehende Symbiosen
beide träumen
er von Endlossex und sie vom Penthouse in Düsseldorf
und beides ist legitim
und beides wird nie stattfinden
fliegende Händler
ich schieb den Gatten vor in Abwesenheit

belle ile Maurice

Eldorado für vertagte Träume
ein Knacken im Unterholz
Geister verschworen im Dreivierteltakt
aus der Ferne Hochzeitsmusik
Waka Waka auf Hinduistisch
über mir beleidigte Palmen
die den Himmel peitschen
der spuckt dem Nichts
Wolken vor die Füße
die sich abregen, indem sie abregnen
geradewegs aufs Haupt der Baronin
die den Tritt auf die Yacht verfehlt
im Wasser sind alle Ratten gleich nass
die Sonne leckt Perlen von Lilien
ich liege in der Mittagsvision
ein Gedicht von M. aus Südfrankreich
am anderen Ufer eine Prozession
der Tourguide scheißt Metaphern
paarungswillige Jungs fegen vorbei
wie Präriehunde auf der Flucht
und der Nachbar benotet Körper

dann die erste Begegnung mit dem Wasser
tausendfach verlorene Jungfräulichkeit
das Meer trägt den schwersten Panzer
ich fühl mich schöner als ich bin

das Leben plätschert dahin
und für einmal ist das ein positives Bild
im Pool üben sie untertauchen
das muss ich nicht mehr lernen
weg sein
eine meiner leichtesten Übungen
nur das Nichtwiederkommen hab ich noch nicht drauf
dabei müsste ich eigentlich nur weg bleiben
feuchte Hitze legt sich über die Stirn
manch einer wird heute sein Ende finden
hier im Paradies
an so einem Tag
stirbt sich's sogar gern
was sollte da noch nachkommen?

am Nachmittag auf der Terrasse
Tee von den Vanille-Plantagen
und ein gepflegtes Zigärrchen
während es sich die Strandkatze
bequem macht bei mir
sie leckt sich die Eier
die sie gar nicht mehr hat
und mancher wird jetzt sagen
großer Gott, jetzt schreibt sie über Katzen
während andere mich fragen
wieso ich immer über Sex schreibe
beides trifft nicht wirklich zu

aber es bleibt hängen, was hängen bleibt
in den Köpfen der Leute
in die ich nicht reinschauen kann
wofür ich Gott danken würde
wüsste ich, dass es ihn gäbe

Katzen und Sex

beides ist besser als über die Steuer zu schreiben
und mit beidem kenn' ich mich auch besser aus

und dann bricht die Nacht ein
am Cap Malheureux

früher als erwartet
und schneller als erhofft
eine Dunkelheit erster Güte
wie es sie bei uns nicht mehr gibt
Zikaden besingen den Sommer
der nie enden wird
und die Luft riecht nach Holz über'm Feuer
der Zuckerbaron, der seine Möbel verbrennt
aus Rosen-, Teak- und Ebenholz
die keiner mehr haben darf
seit dem Ausfuhrverbot
seine Sklaven sind frei
er versteht die Welt nicht mehr

über seine Farm rennen deutsche Touristen
und Holländer, Franzosen
die zum Tatort zurückkehr'n

und der Muezzin ruft zum Gebet
während die Hindus die letzte Leiche abfackeln
und die Christen sich schnell bekreuzigen
und die Buddhisten 5x den Kopf schütteln
und ich hab mich in deine Gedichte verliebt, Graf Z.
und der Leser fragt sich
wer zum Henker ist Graf Z.
wahrscheinlich Graf Z. selbst sogar
weil er nicht weiß
dass ich ihn zum Grafen machte
und so wissen die meisten nicht
dass sie in diesem Buch vorkommen
und lachen sich ins Fäustchen
und sie denken: na so bin ich zum Glück ja nicht
und ich kann nur antworten *sorry, aber: **DOCH***

Logbuch, Tag X: Mit ein paar meiner besten Männer heute einen Vulkankrater inspiziert (enttäuschend), in den Heiligen See *Grand Bassin* der Hindus gefasst (bakterienverseuchte Drecksbrühe, zum Teufel), den Plain de la Champagne durchquert (keine sprudelnden Getränke, wie der Name erahnen lassen könnte, dafür mannsgroße Moskitos) und die siebenfarbige Erde auf ihre Vollständigkeit hin überprüft (habe beim besten Willen nicht mehr als fünf Farben entdecken können). Die Insel wird zur Feuerprobe. Hautaufschürfer noch immer abfckt. Captain Kln., Julei 30/14

das Wetter ist heut' unentschlossen
dabei bin ich das doch selbst
gegerbte Tage
nach ziellosen Nächten
auf der Suche nach einem
der sich durch deine Tiefen gräbt
auf meiner Terrasse Spuren vom Säbelzahntiger

Fahrten ins unergründliche Blau
die Zeichen steh'n auf Abgesang
wir sind angezählt
steh'n aber wieder auf
Lotos, wie Opium für die Nase
Barrikaden aus Speck
legen sich uns in den Weg
am Wegesrand lauert Versuchung
Verstand gedimmt
gebückt
bestückt
am Ende Verrat
oder Tollwut
es ist alles ein Unfall
und die Versicherung verweigert die Zahlung

eine Tropennacht
wie sie nicht im Buche steht

selbst der Mond sieht etwas krank aus

in der **ZANZIBAR**

Ort hinter der Vernunft

einsame, graue Herzen

auf der Suche nach dem ultimativen Stich

ältliche Herren aus dem Abendland

in der wahnwitzigen Hoffnung auf eine Inselschönheit

alle glucken seltsam einvernehmlich zusammen

Sing- und Fickvögel in allen Farben

auch ich hege irgendwelche Hoffnungen

worauf kann ich nicht sagen

eigentlich will ich hier nur sitzen

auf diesem wackligen Barhocker

vor der Band

die Pink Floyd spielt

als gehörten die Songs hierher

der Raum riecht nach Jasmin und Vanille

und die Nacht verschafft sich Eintritt überm Blätterdach

Palmen im Rausch

Blüten torkeln zu Boden

Hoden vor der Explosion

when the deep purple falls
over sleepy garden walls

hungrige Augen, aus denen Blitze schießen
heiß und gehetzt
starren auf straffe Brüste
die sich am Tresen vorbeischieben
wie das Wildbret am Jäger
kreolische Hyänen

schleichen am Spalier der grauen Wölfe vorbei
hier und da ein Lächeln
als gäbe es irgendwas zu gewinnen
es wird gescannt
gerechnet und
verworfen
meistens für nichts

nur einige werden ihr Wild reißen
für eine armselige Nacht
oder eine lächerliche Woche
sie werden Versprechen austauschen
und nichts halten

Marktplatz der Secondhand-Eitelkeit
bittersüßer Tropfen des Verlangens
das nie erfüllt wird
wie man es sich ausmalt
und trotzdem ist es gut
wenn es noch zu spüren ist
das Leben
selbst wenn es mitunter weh tut

Logbuch, Tag XLIV: Letzteren ist eine Invasion großer Neger vor Ort eingetroffen. Dachte zuerst es seien Sklaven, entpuppten sich dann aber allesamt als Söhne von so genannten Zulu-Königen. Von weitem Angst einflößend, bei näherer Betrachtung auch nur Männer. Verstanden sich mit meinen Männern ganz gut. Versuchten sogar den Flautenschieber zu reparieren. Selbstredend erfolglos. Ein gewisser Jakob wies mich nach Mitternacht in Afrikaans ein, eine Sprache, die jener der verdammten Holländer ähnelt, und bot mir seine sexuellen Dienste an. Vor der Mannschaft musste ich natürlich ablehnen. Später bat ich unseren schwarzen Freund aber doch in meine Kajüte. Dachte schwang er seine Eier in stiller Kontemplation. Dann besorgte er es mir nach allen Regeln der Zulu-Kunst. Jesus und Halleluja! Werden wohl noch einige Monate auf der Insel verbringen müssen. Captain Klo., August 3 im Jahre 14

wir bleiben in Kontakt, sagte er noch
ja, wahrscheinlich in Wackelkontakt

I'am the long drive home in the dark

Maria, du sagtest du seist der Wolf
der auf das Rotkäppchen scheiße
ich muss wohl nicht erwähnen
dass ich gern das Rotkäppchen wär
ich will, dass du mich frisst
mit Haut und Haaren
und all dem Fleisch und Speck darunter
aber das wär eine abendfüllende Veranstaltung
der du nicht gewachsen bist

du hast Angst
weil ich dich verstehe
weil ich dich erkenne

weil ich wie du bin: eine leicht angegraute Wölfin,
die die Menschen scheut
weil meistens nichts Gutes von ihnen zu erwarten ist

obwohl ich nicht viel fordere
ich wäre schon froh
wenn nach einem Ja mal kein Aber folgen würde

etwas zu ertragen macht nur Sinn
wenn am Ende etwas dabei herauskommt
es gibt nichts Schlimmeres
als das Ertragen um des Ertragens Willen
das ist das größte Unglück
was den Meisten widerfährt

und dann schriebst du mir heute
du müssest sie beenden
unsere Korrespondenz
die du vor vier Tagen noch
so befriedigend fandest
dass ich uns kurz mal für genial hielt
vielleicht ist das eine Überreaktion
im Suff entstanden
für die du dich morgen entschuldigst
und auch ein bisschen schämst

oder ist die Mission auf halbem Weg gescheitert?
vielleicht steht da was Gröberes zwischen uns
was ich bisher nicht bemerkt habe
und wie auch, wenn es zu intim zum Erklären ist
da frage ich mich
was es intimeres gibt
als sich gegenseitig Gedichte um die Ohren zu hau'n
hau'n ist ein gutes Stichwort
klar geb ich die Verständnisvolle
die Geduldige
Erwachsene
erleuchtet
im Lot
und es hilft ja auch nichts
wenn du auf irgendeine Art zu mir gehörst
macht es keinen Sinn
dir hinterherzurennen
du bist wie die Spezialität des Hauses im Delikatessengeschäft
man bekommt Lust dich zu kaufen
entscheidet sich dann aber doch für was and'res

ich dachte, Dichtung würde dich am Leben halten
dass du morgens das Rasiermesser vorsichtig benutzt
anstatt es dir in einem Rutsch
quer über die Kehle zu ziehen

aber vielleicht erwart' ich zu viel von der Dichtung
vielleicht handelt sie irgendwie vom Leben
existiert dann aber doch getrennt davon
und hilft am Ende so viel zum Überleben
wie einem Süßwasserfisch das Meer

und scheiß doch der Hund drauf
eigentlich möchte ich dir
eine links und rechts auf die Backen geben
dass du im Dreieck springst
und gleich danach ins Parallelogramm kippst
deine Bereitschaft, jemand anderem als dir selbst zuzuhören
entspricht der von Wänden
und vielleicht passiert auch ein Unfall beim Waffenreinigen
wer weiß das schon
wir hocken auf einem derzeit inaktiven Vulkan
der irgendwann ausbricht
dann sind wir nichts mehr als gehäckseltes Hundefutter
und werden vielleicht posthum entdeckt
und so, wie sie uns zu Lebzeiten gehasst haben
werden sie uns dann lieben
und großkotzig angeben
dass sie schon immer wussten
dass aus uns mal was ganz Großes wird
die Leute überhöhen alles
ihre Feinde

sexuelle Eroberungen ergeben sich
ohne dass man's drauf anlegt
Yannick der Animateur
schlendert rüber zu mir
der erste und letzte
der mir gefiel
und der mich erfolgreich ignorierte
10 lange Tage lang
ich hatte ihn schnell vergessen
er war mir egal
bin nicht Berg
nicht Prophet
und wer zu wem kommt
geht mir vorbei
und nicht nur am Arsch
und jetzt steht er da
pausbäckig lächelnd
unterwürfig wedelt er mit dem Schwanz
die Sprüche sind alt
älter, als ich mich fühle
in meiner Tasche Katzenfutter

ihre Helden
ihre Bedeutung
und wir gucken von unsrer Schwefel-Wolke zu
und lachen uns eins

hinterlassen von abgereisten Dumpfbacken
die die Katzen gefüttert
und die Kinder vergessen haben
fast war ich gerührt
würde ich jetzt nicht
auf 3 Kilo-Tüten Whiskas hocken
so viel können die Katzen gar nicht fressen
um all das schlechte Gewissen
der Abendländer zu kompensieren
neben mir zwei spanische Pärchen
die über Gruppensex debattieren
und meinen ich verstünde sie nicht
beim Stichwort Sex
hat Y. den Einsatz um ein Haar verpasst
7 Jahre ohne Touristin im Bett
als ob mich das beeindrucken würde
im Gegenteil
schließlich macht Übung den Meister
und mit Amateuren geb ich mich nicht ab
ich weiß, dass er das Jeder erzählt
und die meisten den Schmarren glauben
weil sie ihn glauben wollen
wenn nicht gar müssen
um sich nicht bewusst zu werden
dass sie weder besonders

noch besonders schön sind

den Zenit überschritten haben

zumindest was junge Animateure betrifft

die alle eigentlich Künstler sind

und auf den großen Durchbruch warten

Herrgott, wer nicht?!

er redet ein bisschen viel über Geld

wie viel ihm davon fehle

und wie egal ihm das sei

ein böser Fehler

von dem sich eine wie ich

schon lange nicht mehr blenden lässt

da reichen schon die weißen Zähne

in diesem schokobraunen Babyface

mit diesen Softporno-Lippen

die sicher süß und weich sind

wie in Honig getauchte Marshmallows

die man testen will

auf Konsistenz und Kussechtheit

und ich stelle mir vor

wie sie sich andocken

überall

flächendeckend

und ich denk mir meine Güte, alte Vettel

hast du noch nicht genug vom Spiel

und im gleichen Moment
dass ich mich rasieren
die Nägel lackieren
und die verdammten Katzen füttern muss
und wie ich beim Dinner
dem ganzen Knoblauch entkomme
für den frischen Atem

wenn ich selbst schon nicht mehr ganz frisch bin
und als könne er Gedanken lesen, sagt er
dass er reifere Frauen bevorzuge
und ich eh viel jünger ausseh'
wichtig sei ja, wie man sich fühlt
und ich denk *ach du Scheiße*
dann ist das heute nicht mein Tag
nach der rumgetünchten letzten Nacht
und ich kauf ihm seine CD ab
auf der ganz sicher grässliche Musik drauf ist
mit der er nicht in 100 Jahren
einen Pfifferling verdient
und weil ich kein Abspielgerät
auf ferne Inseln schleppe
wird der Fehlkauf erst zu Haus zur Gewissheit
wenn ich den Schrott genau einmal spiel
und er für alle Ewigkeit
unter gutem Schweizer Staub begraben werden wird

aber vorher wird er mir noch
eine Liveperformance geben
in Room 1.7.5.
wenn wir beide genug vom Feilschen haben
und uns denken scheiß drauf
was soll's

in zwei Tagen ist der Spuk ja eh vorbei

* * *

KAKERLAK

an manchen Tagen gehst du nach Hause
und um aus allem raus zu sein
beschließt du verrückt zu werden
dann schaltest du den Fernseher ein
und musst feststellen
dass die da draußen schon alle verrückt sind
und du ihnen kaum das Wasser reichen kannst
also lässt du's bleiben
warum sich noch groß anstrengen
wenn der einzig Überlebende der

sein wird
Trillionen von Kakerlaken-Armeen
die die Macht schon längst übernommen haben

wenn der Heiland doch eines Tages kommen sollte
wovon ich nicht ausgehe
aber nur mal angenommen, der Erlöser kommt
den trifft doch der Schlag
beim jämmerlichen Anblick der Menschheit
dann wäre dieses Kapitel auch endlich abgeschlossen
und die Schabe kann eine neue Weltordnung errichten

ich bin nicht traurig
ich bin wütend
und diese Wut ist gefährlich
denn sie staut sich auf
wie Wasser an einem Damm, der bricht
wenn schon keiner mehr damit rechnet

die Welt ist schlecht
und ein Narr, wer was anderes behauptet
klar, die Sonne
die Blumen
die Wälder
das Meer
ein Kind
aus Trümmern geholt
in letzter Sekunde
und wie sie sich freuen

es gibt ja doch Hoffnung!
in diesem Krieg
an dem wie immer die Anderen Schuld sind
und keiner klein beigibt
und die Tränen kaum trocknen
und die nächste Rakete schon gestartet ist

und dann wählen sie Männer wie Erdoğan
der das Lachen verbietet und die Lust
und verehren Putin, das SCHWEIN
wie das Goldene Kalb
und sie schlachten alle
die an was anderes glauben
oder an nichts
auch egal

Hauptsache das Andere ist ausgemerzt
und die CIA schreibt mit
und einer von ihnen
verrät uns dann später
was wir eh schon wissen
nur nicht wahrhaben woll'n
und dann regen wir uns auf
aber nur schwach und sehr kurz
weil Aufregung der Epidermis schadet

ich bin nicht einzig und nicht artig
aber ihr seid trotzdem nicht zu retten
nichts gelernt in all den Jahren
des Hasses, der Kriege
und des endlosen Stumpfsinns
mit wehenden Fahnen ins Verderben rennen
ist alles, was ihr zustande bringt
und du, du redest vom Ficken
ununterbrochen

wird Zeit, dass es dir mal jemand besorgt
und du dich stellst
und dich jenem widmest
was wirklich zählt
und das bin nicht ich
und das bist nicht du
so im Großen und Ganzen
spiel'n wir keine Rolle
und trotzdem kommt'es auf uns an
denn irgendjemand muss ja was tun

und weißt du eins:
wir sind uns ähnlich
ähnlicher, als es dir lieb ist vielleicht
wir betrachten die Welt
nur aus verschiedener Warre

du erfreust dich am Regen
und ich freue mich nicht
und das war's dann auch
mit dem Unterschied

wir sind nicht gut
aber auch nicht schlecht
und nur halb so kaputt
wie du uns weismachen willst

wir suhlen uns nur gerne im Elend
und noch viel lieber im eigenen Saft
was beim Zustand der Welt
ein vermessener Akt ist

dazu hör'n wir José González
weil das dem Selbstmitleid
so schön Vorschub leistet

und klar stirbt jeder für sich allein
das ist nichts Neues, mein trauriger Freund
aber macht uns das Angst?
wie du weißt dreht sich jeder
in erster Linie um sich selbst
und irgendwann hat sich's halt ausgedreht

es gibt Leute, die lächelst du an
aber sie lächeln nicht zurück
stattdessen schau'n sie dich an

als wärst du eine Aussätzige
der es den Krieg zu erklären gilt
oder zumindest die Visage zu polieren
und du fragst dich
was in den Köpfen dieser Armleuchter vor sich geht
und ob es Sinn macht
noch auf die Rettung der Welt zu hoffen
wenn selbst ein Lächeln nicht mehr erwidert wird

dann ist der **FINAL COUNTDOWN** nicht mehr weit

September

und schon wieder
es ist noch warm
und gleich wird es regnen
und das Glück läge so nah
wüsste ich, wo ich es fände

und ich könnte ausrasten
wenn mich mein Nachbar *Mädchen* nennt
und ich setz mir Kopfhörer auf
und sehe, wie sich seine Lippen bewegen
Sprechblasen, in die man vergessen hat
was reinzuschreiben

in der Apotheke gibt's 20% auf die Pille
ich kaufe mir einen beschissenen Wrap
ich kann den Fraß nicht mehr sehn
fast so wenig wie die Gesichter um mich rum

ich trage heute Dutt
fast könnten Vögel drin nisten
aber die sind schon auf dem Weg nach Süden
der Sommer war kürzer als gedacht
du hast mich abserviert
während ein anderer noch überlegt
sich mit mir einzulassen

das Glück liegt nur einen Steinwurf entfernt
aber keiner will es haben

ich bin schlaflos
glotze in den Vollmond
im Kühlschrank zu viele Möglichkeiten
sich selbst den Garaus zu machen

daas isches Läbe, dä Zirkl of Leiff, wemmasowött,
sagt L. und kichert dämlich in sich rein

ich warte auf deine Antwort
auf eine Frage, die ich vergessen habe
Ich fühl mich fiebrig
weil da was in der Luft liegt
von dem wir nicht wissen
was es mit uns macht
aber ich stelle mir vor
dass es was ganz Großes sein könnte

ich bin verliebt
in die Kunst
und die Liebe
in das Leben
und in mich
und auch ein bisschen in dich
manchmal trifft einen unverhofft Amors Pfeil
oder Neptuns Dreizack
Satans Klumpfuß
was immer es ist
plötzlich brennen ein paar Synapsen durch
und Botenstoffe schütten sich aus

ich traf dich bei Prometheus
Nacht der zielsich'ren Desaster
und schwappte kurz aus meiner Umlaufbahn
und nun trifte ich ziemlich fremdgesteuert
zielstrebig und schnell in Richtung Wahnsinn

(vielleicht auch vor Lachen)
gestern Nacht war'n wir uns wieder ganz nah
so auf virtueller Ebene
da ist etwas aus den Fugen geraten
was das Haus zum Einsturz bringen könnte
und ich frage mich
ob das nicht die beste Lösung wär
sehr solide war es nie
es war nichts geplant
es ist uns einfach widerfahren
und jetzt sitzen wir in dieser Seifenblase
aus Lust und Verlangen
und Freude und Lachen
Zuneigung und Vertrauen
und schweben über dem dunklen Grund
und warten drauf
ungebremst aufzuschlagen
dein Name frisst sich durch mein Großhirn: W_...
du hast in mir den Ausnahmezustand ausgerufen
Sperrstunde in der Ratio
da ist nur noch Begehren
süß und schmerzlich
und ich krieg das fast nicht in den Griff
weil ich weiß
dass es dir ähnlich geht

und dich nur eines aufhält: **ANGST**
ich würde sie dir so gern nehmen
hab' aber selbst die Hosen voll
meine Tür ist offen
sperrangelweit
ich erwarte dich
wie die Venus von Urbino
entblößt bis auf den Grund meiner Seele
bereit dich zu empfangen
damit du in mir untergehst
ich bin berauscht von dir
füll den Becher bis zum Rand
du bist flüssiger Atem
Nahrung für meinen Geist
jeder Tropfen hält mich am Leben
Schwermut im Herzen
Torheit im Sinn
ich bin impulsiv
expressiv
forsch, ich weiß
ich möchte Ruhe für dich ausstrahlen
sanft, behutsam, flüchtig
wie ein Wiegenlied von Chopin
oder fluoreszierende Polarlichter zur Sonnenwende
ich lass dir deine Freiheit, Geliebter

im Nachtbus gestern spielten sie Ländler

fröhlicher **Migrantenstadl**

für mich und einen schwarzen Passagier
er machte Anstalten mich anzusprechen
prallte dann aber an meinem Blick ab
instinktiv tat er das Richtige: die Fresse halten
aus den Lautsprechern jodelten sie uns zu
war das der Wagen in die Anstalt?
ich war mir nicht ganz sicher
wir hatten die Wahl: bleiben und ersticken
oder den Knopf zur Freiheit drücken
wir wählten Letzteres
und gingen unsrer Wege

fast könnte man es als Geste spiritueller Größe bezeichnen
lote das Geheimnis aus
spazier durch meine Seele
ich bin ein offenes Buch
hinter sieben Siegeln
stoße vor in die Untiefen
nur so lässt sich das Sein ergründen
wir sind aufgebrochen in ein unbekanntes Land
und ein in Gold getauchter Horizont wendet sich uns zu

heute ist morgen

heute ist morgen

auch gestern

und übermorgen

heute ist immer

alles und nichts

morgen ist was übermorgen gestern gewesen sein wird

mein Leben ist ein andauerndes Experiment

zwischen dem

Nichts

und

dem

Nichts

in dieser Stadt

meiner Stadt

die ich eigentlich mag

wenn da nicht die Menschen wären

Nebel hängt über dem See

als führe er ins Weite hinaus

läge Zürich am Meer

wäre vieles leichter

im Tram verteilt einer Flyer

Berufsausbildung LITERARISCHES SCHREIBEN

das kann man nicht lernen

entweder man hat es

oder man hat es nicht
ich hab's

ENDE DER GESCHICHTE

NICHTS FÜHRT DIE MENSCHEN MEHR IN DIE IRRE ALS DIE WAHRHEIT DOCH DIE KOMMT HEUTE NUR NOCH DURCH VERRAT ANS LICHT

* * *

Nizza die Leichtfüßige

LE GRAND BLEU

der Drive des Lebens streifte uns
und das Meer so ABGRUNDTIEF BLAU wie sonst nirgends

pas de deux zwischen Vergehen und Bestehen

Nächte zwischen lavendelfarbigen Wänden
schlaflos
der Drang ins Freie

auch das Innerste aus einem selbst heraus
ein Licht wie elfenbeinfarbiges Milchglas
Leichtheit, die unversehens in Seichtheit umschlagen kann

Königreich von Savoyen
dein Volk feiert dich
füllt das Glas, bis es überläuft
und die Wangen von Madame
zartrosa glühen

und zwischen prallen Schenkeln
saftet das Leben
will ausgetrunken
und trockengeleckt werden
um von Neuem zu sprudeln
eine Quelle, die nie versiegt
so lang' es einen gibt
der sie am Leben hält

une affaire fatal bahnt sich an

träger Nachmittag in la Colle sur Loupe
selbst die Insekten sind zu faul zum fliegen
das Knirschen von Kies
unter behäbigen Schritten
das Gurren der Tauben
und Lichtspiegelungen im Bassein
die Sonne drückt durch

und schiebt eine schwere Hitze unter Baldachine
in der Ferne Lavendelfelder und Bergamotte
Wogen wie im Zeitraffer auf LSD
dazwischen drei klare Glockenschläge
die dich ermahnen
wozu auch immer
ist im Grunde sekundär
du folgst ihnen eh nicht
sie sind verhallt
ehe du richtig wach bist

im Erdgeschoss schiebt jemand Korbstühle durch die Gegend
und aus der Küche wabert Bratenduft in deine Nase
und während du denkst

hoffentlich gibt es keine Froschschenkel!

bist du schon wieder weggeschlummert
in einen süßen Traum
aus fahler Zufriedenheit und einer Lust
die sich eigentlich aufs Kulinarische beschränkt
auf Kartoffelbrei mit Soße
und schweren Wein in alten, angeschlagenen Gläsern
und dir kommt der Verdacht
dass im Grunde genommen alles einfach wäre
und dann wird dir klar

dass es das auch ist
und irgendwie hat sich der Auftrag dieses Tages
damit erledigt

Sonntagnachmittag am Dorfplatz um halb 4
trafen
4 Schweizer
9 Deutsche
4 Marokkaner
etwas Brasilianisches
3 sehr blonde Girls
1 afrikanische Mutter
mit 2 Rastazopfkindern
im Café der Italienerin
aufeinander
(Franzosen hatte es keine mehr im Dorf) …

… die französische Köchin
war mit vielerlei Dingen beschäftigt
selten mit Kochen
eher mit dem Gatten
der ihr zur Hand ging
und sich um ihren Ofen kümmerte
und das ist durchaus doppeldeutig zu verstehen
er hofierte die Damen
mich ausgeschlossen, versteht sich

die kicherten aufgekratzt

die Gesellschaft zu Boden

als stünden sie unter Drogen

jener des Lebens vielleicht

ein stummer Schweizer

tätschelte pflichtbewusst

den fleischigen Schenkel der Gemahlin

während er der Dame des Hauses

von links unten in den Ausschnitt starrte

die Angetraute sorgte vor

und mahnte zur frühen Bettruhe

Madame A. hielt zu später Stunde Vorträge

Thema: Die Methoden des Schauspielunterrichts heute und vor 30 Jahren

ihr Englisch ist kaum vom Französisch zu unterscheiden

vom Thema an sich hat sie keine Ahnung

die Audienz nickt ihr zustimmend entgegen

sie bedauert ein bisschen ihr Alter

wie alle am Tisch, wie mir scheint

das verlangt nach Entkorkung von Flaschen

und Glasinhalten, die nie versiegen

Alkohol hilft über vieles hinweg

auch über eine Libido a. D.

denn die Nächte sind kalt

und ich bin willig

obergärig, würzig, süffig

in der Basisnote rieche ich nach Magnolien
gepaart mit einer Kopfnote von einem Hauch Citronelle
Irgendwer interessiert da draußen???

Altweibersommer in neuer Dimension

frühes Erwachen in der Kälte der Berge
Nebelschwaden weichen der Sonne
und meiner heißen Stirn
von wirren Träumen
die sich alle um W. drehen

die Kunst ruft
ich rufe zurück
heute malen mit ausgeschaltetem Verstand
ich hatte ihn noch gar nicht angeschaltet
ich gerate in multiple Krisen
bin renitent gegen mich selbst
die Leinwand, die mir unterkommt, möchte ich nicht sein
so schneeweiß und unschuldig
sie wird mir alles abverlangen

Oh! DAS ist GUT!
Na ja, gut ist übertrieben
Im Grunde ist das nix
Das ist doch Scheiße!

ICH bin Scheiße!
Was mache ich hier?
Ich hör' auf mit der Kunst, bringt ja nüscht
Na ja, so schlimm isses auch wieder nicht
Eigentlich gar nicht so übel!
Oh! Das ist WIRKLICH gut!

FREISCHAFFEND IST DAS HOBBY, DAS MAN ZWISCHEN ZWEI SCHICHTEN AM TRESEN AUSÜBT

der Gatte und ich
eine Beziehung
die uns normal vorkommt
mitunter zu normal
und manchmal auch zu lang
aber alles in allem
ein rundes Ding
was gemütlich durch die Welt rollt
und während wir unser Universum umdekorieren
bemerken wir gar nicht
dass sich für andre Abgründe auftun
in die sie lieber gar nicht blicken wollen
dass wir da was leben

was andere nicht mal auf Leinwand ertragen

was sie nicht verstehen

weil sie's nicht verstehen wollen

und sie fragen sich nur

wer da wohl mit wem was treibt

und vor allem warum

und sie schau'n ein bisschen neidisch

aber auch mit Argwohn, Misstrauen und Mitleid auf uns

und dieses *Sodom und Gomorrha*

dass sie ingeheim doch irgendwie geil finden

und sie fragen sich

wie viel in meinen Texten wahr ist

und fragen mit verzerrtem Grinsen: *wahrscheinlich alles?!*

in der Hoffnung, dass ich JA sage

und ich sage JA

und ich sage NEIN

und VIELLEICHT

und sie sind so weit wie vorher

und der Gatte wischt sich den Schweiß von der Stirn

und ist am Ende doch froh

dass mal wieder alles im Dunkeln blieb

* * *

Bogotá die Eisige

eine Stadt wie ein Bergdorf
vergessen und kalt
kalt ist es hier immer
und nass
eine feuchte Kälte
die dir in die Glieder kriecht
wie einem Suchtkranken auf Entzug

du zusammengeflicktes Provisorium
über allem das tote Gewicht Spaniens
in der Calle 13B No. 1-53
fliegen dir die Ziegelsteine auf den Kopf
und das billige Koks in die Hand
(das Gramm für 30'000 Peso)
und der Securitytrupp guckt Pornos
am Laptop des Vermieters
der kommt aus Venedig
und von hier nicht mehr weg
das hatte er sich alles anders vorgestellt
auch seine Ehe mit Inés
so lieblich und rein
bis sie zur Furie wurde

Candelaria

und während das Volk speist
fallen unten auf der Straße Schüsse
aber keiner regt sich
sie schieben sich nur Minikartoffeln in den Schlund

und Botero, der Sohn dieser Stadt
malt fette Frauen
während die F. A. R. C. in den Büschen lauert
in der Hoffnung auf betuchte Geiseln
aber auch die Rebellen haben langsam genug
und hoffen auf den vorzeitigen Rentenbescheid

September

im Ballett geben sie heute

Espíritus del Agua

der Geist des Wassers
Andrea
Monica
Adriana

drei Grazien ohne Tanztalent
Adrianas Trikot sitzt sehr eng
da klemmt was
und aus Reihe eins
ist dieser Schlitz anmächelig
lenkt aber von der Performance ab

weibliche Geister
aus Nebeln gegossen
zu Wasser geworden
und in der Tiefe der Erde versickert

dann der Auftritt

Shaman Sol*

Verehrer der Sonne
in der Choreografie für einen Körper
der Schamane
Symbol für den Ursprung der Welt
und aller Dinge
er wird zum Condor
breitet seine riesigen Schwingen aus
fliegt in die Welt der Geister
wird zum Jaguar
Hirsch
und
Jäger

draußen dann wieder das Leben
5 Morde pro Nacht
En el nombre del Padre, del Hijo y del Espíritu Santo. Amén*

Colombia
Land der Rosen, Erdbeerplantagen
und der nettesten Menschen dieses Erdballs

K&K

steht

für

Kaffee und Koks
deine zwei Exportgüter
Escobar (el Doctor, el Patrón, don Pablo)
lässt grüßen
vier Stunden hinter Medellín

steht

Juan Camilos Farm

das Gut trägt den Namen
La Esperanza – die Hoffnung

eine Furie, die aus dem Hinterhalt angreift
das Gestrüpp, das du gerade mit der Sense bearbeitet hast
stellt sich, kaum kehrst du ihm den Rücken
höhnisch lachend wieder auf
Bewohner und Schlangen im erbitterten Kampf
nicht selten gewinnt die Schlange
es geht um die Frage
wer zuerst den Kopf verliert

auf dem Rücken der Maultiere
bieten wir ein Bild des Jammers
das Problem ist nicht das Land
sondern seine Bewohner
vermehren sich wie Eintagsfliegen
scheinbar alle miteinander verwandt
auch das eine oder andere Maultiergen
ist in den Gesichtern zu erkennen
der Patron schickt aus der Stadt das Geld
und der Verwalter und seine Sippe
stampfen das Land in Grund und Boden

* * *

N O V E M B E R

da ist ein ständiges **Grundrauschen** um uns
in uns
weißer Grund-Rausch
Energieträger, der zu Licht wird
Licht, das die Farbe verändert
Farbe verändert deine Wahrnehmung
deine Wahrnehmung bestimmt dein Sein

in diesem einzig bleibenden Moment
auf der Schwelle von Geräusch zu Musik zu Bild
du bist der Spiegel deines Selbst
Raum in die Unendlichkeit
wer leuchtet, wird im Dunkel gesehn

LOGICAL EMOTION

zwischen Stillleben und Stillleben
ein Dekonstruktionsprozess
das Leben wird runtergezählt
Datenströme
Zwischentöne
Klänge, die zu Farben werden
innere Close-ups
Pixel, die die Dinge zuordnen
Vermessung der Welt
Muster Rhythmen Formen
Poesie, umgewandelt in Regen
es tröpfelt
Ideen auf Styropor
subtile Interventionen
ein Hauch von innerer Landschaft
es gibt kein oben
und kein unten

keinen Horizont
ein Blick auf die Haut der Erde
eingefrorener Hyperrealismus

ist die Schönheit des Endes nichts weiter als Illusion?

ich sitze im Café
umzingelt von Myriaden von Kleinfamilien
draußen steht der Herbst wie 'ne Eins
und der Sonntag legt sich schwer auf meine Eingeweide

manchmal kippt alles innerhalb von Sekunden
gerade noch auf der Bühne des Lebens
und schon im feuchten Keller in der Statisten-Garderobe
wie gestern, als ich ein neues Smartphone in Betrieb nahm
und mir vorübergehend meine Kontakte abhanden kamen
als ob ihre Abwesenheit irgendeinen Unterschied machen würde
Favoriten-Schwund
und Chat-Verluste

und ich in 'ner mittelschweren Krise
als hätte ich zu früh meine Jungfräulichkeit verloren
oder den Verstand
(ich befürchte beides ist der Fall)

manchmal schwappt man von einer Unzulänglichkeit in die nächste
und ist selbst die größte von allen

ich steh zünftig neben mir
kein schöner Anblick

auch du Liebster warst mir kein Trost
im Gegensatz zu mir scheinst du ein Leben zu haben
in seinem letzten Brief schrieb mir Houellebecq:
Letztlich ist alles trist. Letztlich endet alles mit gebrochenem Herzen.

... en fin de compte ...

wenn das meine Mutter liest
glaubt sie wieder sonstwas
dabei ist nur Sonntag ...

ICH WÜNSCHTE ICH HÄTTE DEN MUT ALLES HINZUSCHMEISSEN, DENN DER DRANG IST ZWEIFELSOHNE VORHANDEN

Nine eleven 38
als die Synagogen brannten
war das der Anfang vom Ende

Nine eleven 89
Ergebnis einer Rebellion
die mit uns auf den Straßen Leipzigs begann und mit dem
geilsten Missverständnis der Geschichte endete

AB SOFORT, UNVERZÜGLICH

drehte die Welt in die andere Richtung
und mein Leben auf den Kopf

doch was ist heute schon Rebellion?
ein Pferd, das längst durchgegangen ist
den Reiter abgeworfen
und sich vergalloppiert hat
wir haben uns selbst enteignet
vor allem so im Kopf
wir spazieren an der Peripherie unseres Verstandes
und drohen jeden Moment in den Abgrund zu kippen
jetzt bloß nicht aufmucken
und die Märkte stören

Nine eleven 01

auch 'ne Art Rebellion, wenn man so will

jedes Mal stürzten Bauwerke um und Welten ein

und ich?
ich hab mich gestern im Auto nicht angeschnallt
das letzte Stück Aufbegehren
das noch übrig ist

die woll'n doch nur spielen
in diesem Sinne ein säkularisiertes
Amen
und
Prost!

in der Straßenbahn später
saß ein Mann und zog ein Gesicht
das perfekt zu meiner Laune passte

nach einer Weile kramte er ein kleines Gerät aus seiner Jackentasche
das aussah wie 'ne Minifernbedienung
und ich dachte mir, was der jetzt wohl fehlleitet
in die Luft jagt oder ob der von der Bahn aus vielleicht sein Auto verriegelt?

und dann hat er sein Hörgerät abgeschaltet
einfach so

in der Werbung faseln sie unterdessen
von personalisierter Mundpflege
während der IS in Kobane
seine Geisteskrankheit kultiviert

Dieter Bohlen sucht wieder den Superstar
und ich denke mir
ob's nicht doch besser wäre

wenn es einen Gott gäbe
der könnte den Schlamassel
den er eingerührt hat
dann auch wieder beenden
jetzt!

und wenn ich an dich denke
denke ich an laue, flirtige Sommernächte
und Liebe unterm Vollmond
auf kühlen Wiesen
im Stadtpark
hinter Hecken
die unsere Nacktheit verbergen

selbst im Traum kommst du mir vor
wie letzte Nacht
als ich unversehens
in einen Dreier stolperte
und um die Sache zum Laufen zu bringen
musste ich mir vorstellen
dass beide du sind

spürst du auch das Fieber, Geliebter
trunkener Trip durchs Hirn
meilenweit November
endloser Seelenstrip

kopflos
schlaflos
die Kommandobrücke außer Kontrolle
keine Antwort
vergessene Frage
Jazz, der in den Blues kippt
Blütenzauber unterm Fensterbrett
Aufruhr in der Magengegend

ich weiß, was zu tun ist
werd's aber wahrscheinlich trotzdem lassen

3 uhr morgens in der nacht auf montag schreibe ich diese zeilen während von nebenan kotzgeräusche rüberschwappen + untendrunter das bettgestell quietscht + 3:21 uhr schreit t. von gegenüber ihren orgasmus in den neuen tag während ich schlaflos zwei pillen einwerfe + denke mindestens vier parteien in diesem haus sind regelmäßig sexuell aktiv, das ist mehr als der durchschnitt + auch dass ich morgen nicht aufstehen und die redaktorin mimen müsste wenn ich ein richtiger schriftsteller wäre + dann denke ich an egon schiele und jenny saville + seine körper verhärmter versehrtheit + ihre körper voller üppiger fleischlichkeit + an all das leiden + die lust + ich denke mir auch wenn ich ein richtiger maler wäre müsste ich nicht in 4 stunden aufsteh'n + könnte jetzt bis 6 durchmalenschreiben mit rotwein und kaffee + noch mehr rotwein + bei all der leiblichkeit kommst dann doch wieder du mir in den sinn + meine hände wandern über deinen körper + haut trifft haut + dann hat alles seine richtigkeit

Nachbeben in meinem Körper
von deiner Berührung meines Hypozentrums
zielgenau hast du die Wellen in alle Richtungen ausgesendet

an meiner Oberfläche schlugen sie ein
Magnitude 8 auf der Richterskala
ließ mein innerer Seismograph mitteilen
mein Sedimentbecken verursachte Resonanzeffekte
starke Amplituden im Bodenbereich

da wo gestern noch Brachland war
blühten über Nacht wilde Gärten
mit sprudelnden Fontänen und nackten Statuen
und jetzt liegt alles in wohlsortierten kleinen Trümmern
und wartet darauf, dass du sie einsammelst
und mich Stück für Stück wieder zusammensetzt

* * *

Innsbruck die Belagerte

italienische Heerscharen nehmen die Stadt ein
Garnisonen von Matronen in Michelin-Jacken
kreuzen deinen Weg

rammen sich das Gelände frei
zertreten alles, was sich ihnen vor die Stiefel stellt
Maria Theresia betet fünf Rosenkränze
und Sissi verdreht die Augen
im Schreibzimmer verfasst sie Gedichte
gegen die Invasion
doch die Hofburg ist umzingelt
das Habsburgerreich dem Untergange geweiht
hier und da und immer
hat ein Problem in jedem Flügel ein Zimmer
und was hat der Tiroler auch entgegenzubringen?

Topfenstrudl
Marillenknödl
Schupfnudln

das schreckt den Itaker nicht ab

k. u. k.
Doppelmonarchie
und Doppelmoral
Franz Josef kräuselt sich der Bart
wo ist denn Andreas Hofer?
was gegen die Bayern gut war
ist gegen den Italiener doch nur recht

Griff in den Lokus
immerhin ist der aus Meissner Porzellan
mit dem Gesicht zur Wand
bespannt mit feinster Tapete
da wünscht man sich die Schlacht am Bergisel zurück

ich muss raus aus Europa

Singapur die Löwin

und wieder betrittst du fremden Boden
mit einem Körper, dessen Seele in 3 Tagen nachkommt
ein Schwall feucht-muffige Luft schwappt dir entgegen
eine neue Stadt
ein neues Land
ein neuer Kontinent
ein neues Leben
urplötzlich
entwurzelt
losgelöst
frei von Ballast

im Café going OM ist das Bier warm und teuer
das Essen fettig
und die Kellner sind verwirrt
aber lieber verwirrt als angepisst
wie bei uns, weil sie die Gäste stören
eine fremdartige Melodie dudelt sich durch die Schwüle
lullt dich ein
wie der sanfte, warme Regen
und am Ende ist alles egal

die Schwere im Schädel wandelt sich
in Leichtigkeit des Seins
jemand nimmt seinen Finger aus deiner Seele
Erwartungen im Neonlicht
und der Morgendämmerung
Vögeln beim Fliegen zuhör'n
der Frangipanibaum blüht das ganze Jahr

Singa Pura – Stadt des Löwen
im Angesicht des *Merlion*
wird selbst der stolzeste Sumatra-Prinz demütig
auch du wirst zum Zwittertier
mit Löwenkopf und Fischschwanz
und fletschst die Zähne
und wackelst mit dem Hinterteil
als sei genau das deine Aufgabe

auf Sir Raffles Spuren schipperst du
auf dem trägen Fluss gen Niemandsland
Pläne für heute: keine
to do: nix

Singapur – Schmelztiegel der Völker
und Sentosa, Ort unerfüllter Verheißungen
gerade noch beim Prinz von Arabien
macht dir das Osmanische Reich seine Aufwartung
mahnt der Muezzin zum Gebet
doch du bist schon in *Little India*
Immer dem Currygeruch nach, Madame!
und hältst ein Pläuschchen mit Shiva
die Tamilen-Götter verdreh'n die Augen
in pausbäckigen Gesichtern
und als du dich so durch die Gassen schleppst
und hier und da heimlich eine Altlast
am Wegesrand fallenlässt
bist du schon nach *Chinatown* geschwappt
und stopfst Ente in Biersoße in dich rein
in der Apotheke zermahlen sie Horn zu Potenz
wer's glaubt, wird selig oder ist Chinese
und du guckst dich mal um
und dann kommt Frau Won, die Geschäftstüchtige:
Good medicine for loosing fat, mam!
und du kannst dich nicht erinnern

ich sitze unter Palmen
im Sommerhemdchen
mitten im Dezember
das muss man sich vergegenwärtigen
zu Hause müssen sie noch zwei Stunden arbeiten
arme Geschöpfe
wie kann man nur immer wieder
in diesen Trott kippen?

dass du um ihre Meinung gebeten hast
good for fat!, sagt sie nochmal
und du: *But I asked for medicine against migraine!*
Yes mam! Good for loosing fat!
und du fragst dich, ob du chinesisch sprichst
und dann merkst du
dass genau das das Problem ist
und dann kaufst du die Scheiße
von der du kein Gramm abnehmen wirst
aber Frau Won ist glücklich
und das ist die Hauptsache

passt diese Information noch in euer feuchtfröhliches Hirn?
am Nebentisch in der Dämmerung drei Chinesen ohne Kontrabass
sie sitzen auf der Straße und erzählen sich etwas
offensichtlich geht es um mich
und ich bin sehr froh
dass ich nichts verstehe

Tag 186: Sind mit unserer Fregatte im Hafen von Singa Pura eingelaufen. An Bord Seide aus Kaschmir, Lampen aus Oman, Räucherwerk aus Afghanistan, Gewürze aus Indien und Tee aus Ceylon (die verdammten Engländer werden sich wieder aufregen, dass kein Earl Grey dabei ist, britisch-verzweifeltes Pack!), Kaffee und Rosenwurzstöcke aus Kolumbien sowie Sklaven aus Mali und Sansibar (wird schwer, selbige loszuschlagen, ich persönlich bevorzuge die Ware aus dem Kongo: robuster und arbeitsamer). Musste gestern sechs Mitglieder der Mannschaft in Ketten legen lassen, da sie drohten, eine Meuterei anzuzetteln. Ich werde ihnen vor Ort den Prozess machen. Ihnen blüht der Tod durch Erhängen. Im Prinzip gute Männer, um die es mir fast leidtut. Doch da muss ich hart und konsequent bleiben, sonst geht meine Glaubwürdigkeit flöten. Ich verliere weder gern Personal, noch Kapital. Bereits unterwegs mussten wir drei der Sansibaren über Bord werfen, weil sie gehörig kränkelten. Ich werde meine Männer durch unqualifiziertes Pack (Inder, Chinesen) ersetzen müssen. Zum Trost werde ich die Dienste eines singalesischen Lotsäblüte in Anspruch nehmen. Man gönnt sich ja sonst nichts. Captain van Klo, Dezember 31, im Jahre 14

Wir alle sind Menschen, wir alle haben dieselbe Farbe, in unseren Adern fließt rotes Blut
sagte der Taxifahrer (real first singapurean generation!)
nachdem er 20 Minuten lang den hohen Ausländeranteil beklagt hatte
dass in meinen Adern blaues Blut fließt
wollte er nicht gelten lassen

als Air Asia Flug Nr. QZ8501 vom Radar verschwand
dachte jeder schon an ein Mysterium
dass sich auf Malaysia Airlines gelegt hat
aber dann war es doch nur wieder menschliches Versagen
obwohl ich nicht umhin kam
in Betracht zu ziehen
dass da irgendeine höhere Macht

jetzt mal angefangen hat aufzuräumen
und die Menschheit zu dezimieren
vielleicht haben wir wirklich das Beste hinter uns
nach all dem Schlechten
und jetzt geht's wieder rückwärts
zurück auf Anfang
jeder hat eine zweite Chance verdient
obwohl nicht davon auszugehen ist
dass der Mensch sie nutzt
manchmal ist es in der Tat besser zu sterben
als nur mit halber Kraft zu leben
und manchmal ist das Weiterleben
die größere Strafe

Borobodur die Mystische

Zikaden singen gegen den Abend an
und der Regen trommelt aufs Dach
als wollte er uns abmahnen
wozu auch immer
Zigarrenrauch steigt gen Himmel
voller schwerer Wolken

die über Reisfelder ziehen
in denen Frösche kopulieren
und Gänse dabei zusehen
Live-Porno für Tiere
Eintritt frei
mein Blick auf den Palmenhain
ein Falter, der sich mit der Glühbirne vereint
für immer
für immer hier
scheint möglich
alles scheint möglich
wenn man in diesem Tropentraum dümpelt

Java, die Kostbarkeit des Monats

Lotosblüten neigen ihre Köpfe
und Fische gucken aus dem Teich
nur der Muezzin stört
Allahs Schatten über'm Paradies
als wäre man im falschen Film
als habe man einen Film noir erwartet
und Terminator III bekommen
jedes Paradies hat einen Haken
aber neben dem Bett liegen Ohrstöpsel

to help lessen the sound of the early morning prayer call

frischer Morgen
der nicht frisch ist
selbst regungslos dasitzen ist schweißtreibend
es riecht nach verbranntem Holz
der Muezzin hat noch vor dem ersten Hahn gekräht
von zu Hause schicken sie Fotos mit Schneelandschaften
es befriedigt ungemein
dort jetzt nicht zu sein
der Gatte schläft noch
hat sich wohl verausgabt
allerdings nicht mit mir
und das ist auch gut so

der Horizont ist in milchiges Rosa getunkt
ein Schwarm Vögel hinterlässt eine vage Spur
die sich an ihrem Ende verliert
bis sie völlig
in einem undefinierbaren Grau verschwunden ist

seit dem Morgengrauen wird ein Toter besungen
stundenlang in Endlosschleife
was anfangs noch angenehme Exotik war
entpuppt sich nach Stunden als Nervenprobe
und entwickelt sich schließlich zu einem fremdartigen Trip
der unweigerlich ins Erotische führt

ich denke an W.

unsere verrückte Nummer im Dezember

dieser wilde Akt voller Überraschungen, Frische, Dynamik

ein Geheimnis, das man teilt

oh! wie ich es mochte

wie wir uns ineinander verkeilten

und er meinen Nacken fest im Griff hatte

und meine Handgelenke wie in einem Schraubstock hielt

es war wie die Wucht eines Faustschlags

und gleichzeitig wie der sanfte, gleichgültige Ablauf der Dinge

seine Hand auf meinen Bauch gestützt

die mich auf den Boden drückte

seine sinnlichen Lippen

die an meinen Körper andockten

seine Finger, die in mir steckten

und sein rauer Atem

der an meinem Hals entlangkroch

er ist wie ein Virus

gegen das ich nicht immun bin

ich bin eine starke Person

die zugleich schwach ist

dieser Blick, der auf mir ruhte

als die Realität die Phantasie überrumpfte

und die Ängste verschwanden

als seien wir beide aus einem langen Schlaf erwacht

und wir uns einem Zustand des Glücks näherten
und am Ende unendlich müde die Zimmerdecke anlächelten

jetzt sind wir getrennt
durch tausende von Kilometern
und wahrscheinlich auch durch inkompatible Lebensentwürfe
was nicht stimmt
aber wovon er überzeugt ist
von Anfang an tat er sich schwer mir zu glauben
meinen Worten
Gesten
Komplimenten
Beteuerungen
Vorhersagen
meiner entspannten Herangehensweise an die Dinge
und an unsere Geschichte
und doch behielt ich am Ende mit allem Recht
das Leben ist voller solcher Zwischenfälle
und die Dinge werden nicht ewig so bleiben können
da ist ein bisschen Angst
dass alles auf einen Schlag verpufft
und es schmerzt ein wenig
aber nicht sehr
weil ich weiß
dass wir auf immer verbunden sind

Tag 189: Java. Habe heute auf Einladung eines höheren indonesischen Beamten leisen von javanesischen Schleichkatzen ausgeschiedenen, teuren Kaffee getrunken.

Wenn man mich fragt, ein geschicktes Manöver, wie es die Quacksalber allenthalben auf Jahrmärkten zu vollführen pflegen, um gutgläubigen, einfältigen Christen für teures Geld einen hundsgemeinen Kaffee als eine exotische Spezialität zu verkaufen. Gesindel! Wie persönlich ist es egal, wer die Bohnen preist und schließlich fermentiert wieder ausscheidet. Hauptsache das Gebräu erzielt taofim, nach einer anstrengenden Hafenknochenmie, wieder einen klaren Kopf zu bekommen. Erfüllt das Getränk seinen Zweck, kann mir die indonesische Zibetkatze gestohlen bleiben. Was heute mit einigen meiner Männer in Sachen Kultur unterwegs. Eine traditionelle Tanzaufführung, die sich unendlich während zwei langen Stunden hinzog, in der König Raman (der Gute) gegen König Ramavan (folglich der Böse) kämpfte und am Ende der Gute Prinzessin Sita und die Macht bekam. Allerdings nicht, bevor diese ihre Unberührtheit durch das Opfer der Selbstverbrennung unter Beweis stellen musste, wovor sie der Gott des Feuers allerdings dann bewahrte. Ein primitives Volk mit primitiven Riten. Wurde Zeit, dass wir sie kolonialisiert haben. Bei meinen Männern habe ich übrigens noch einmal Gnade vor Recht ergehen lassen. Bei einem erneuten Meuterei-Versuch werde ich aber hart durchgreifen.

P.S.: Habe wahrscheinlich Malaria. Lehsche aus wie ein von Moskitos zerstochenes Spanferkel, das ein paar Runden zu viel über dem Feuer gedreht wurde. Muss Gin und Brandy nachbestellen. Captain van Klo, Januar 13/ im Jahre 15

1 Uhr – Zirpen der Zikaden
2 Uhr – Quaken der Frösche
3 Uhr – Ruf des Geckos
4 Uhr – Blöken des Muezzins
5 Uhr – Krähen des Hahnes
6 Uhr – Rufen der Latrine
7 Uhr – Wischen des Besens
8 Uhr – ich gebe auf

im Garten

vor allen anderen

wenn keiner etwas verlangt

oder Erwartungen an einen hat

wo man unbeobachtet sitzen kann

ohne zu tun

ohne zu denken

das erinnert an etwas Vollkommenes

THE ONLY WAY TO EXCEED EXPECTIONS IS TO IGNORE THEM

Vorsätze für den Tag

weniger Verschrobenheit

mehr Staunen

entdecken

neugierig sein

sich wilden Ideen aussetzen

den Morgentau schmecken

großzügig sein

anregen

teilen

befruchten

ermutigen

Stürzpunkt und Bindeglied sein

kein Endpunkt

Buy the ticket – take the ride

Borobodur
Wiege des Buddhismus
über Jahrzehnte
es fing doch alles so gut an
wieso tappten die Leute in die Falle Islam?
die menschlichen Abgründe sind tief
und unergründlich
der Fahrstil des Drivers lässt Alzheimer vermuten
Sam erwähnt einmal zu viel die Begriffe Muslim und islamic
das gibt leider Abzug beim Trinkgeld

Malakka die Geschichtsträchtige

altes China
und portugiesisches Kolonialerbe
kümmerliche Reste
der Holländer
der Engländer
tea time und Rechtsverkehr
ein bisschen Buddha

ein bisschen Konfuzius
eine bisschen Jesus
ein bisschen Vishnu
Mohammed lassen wir mal Beiseite
in dessen Namen haben heute ein paar Geisteskranke
CHARLIE HEBDO ausgelöscht
ich bin ein bisschen gelähmt

so geistig

ausgelutscht und ohnmächtig
und Houellebecq wird an einen sicheren Ort gebracht
oder ist schon tot
ich hätte ihm noch so viel sagen wollen
und jetzt steht er auf der Todesliste irgendwelcher Irrer
wo bleibt die geeinte Masse der Muslime?
ich vermisse

Auflehnung
Gegenwehr
Revolution

ist Schweigen nicht auch Zustimmung?
es ist Zeit aufzustehn
nicht niederzuknien
Religion ist eine Rauchbombe, die den Verstand dermaßen vernebelt
dass selbst das gleißende Licht der Aufklärung keine Chance hat

and the world moves on

und das Abendland verrät seine Werte
die diesen Namen vielleicht nicht verdienen
ist die Welt noch zu retten?

ich bin wütend und traurig
wie soll man jetzt zur Tagesordnung übergehen?
und was genau ist die Tagesordnung?
und hier klebt an jeder Zimmerdecke ein Pfeil
auf dem steht sowas wie *hier entlang*
und der Pfeil zeigt Richtung Fenster
und scheint wie eine Aufforderung
aus dem 16. Stock zu springen
aber er weist nur die Richtung gen Mekka
erwachsene Menschen hocken auf den Knien
in irgendwelchen Hotelzimmern
und starren an die Zimmerdecke
sollte es intelligentes Leben
in fremden Galaxien geben
sie werden lachend die Köpfe schütteln
insofern sie welche haben

DIALOG:

du, was machen wir heute eigentlich noch?
das ist wieder einer dieser Zwischentage, also nichts

besteht nicht die ganze Reise irgendwie aus Zwischentagen?
die Lebensreise?

ich sehne mich nach W.
mit all seinen Vorzügen
die ich so mag
und seinen Nachteilen
die ich nicht kenne

*Kuala Lumpur die *Königliche**

The royal proclamation:

I hereby open these lands, where two rivers meet, to all who desire the wealth buried within her soils

und so ham'ses dann auch gemacht
und ließen das Schöne verkommen
und Wolkenkratzer seltener Hässlichkeit sprießen
in deren Schatten verschleierte Frauen
durch die Hitze schleichen

neben kurzberockten Chinesinnen
die sich betont frei und unkeusch geben
an deren weißen Schenkeln
die gierigen Blicke der Muselmänner kleben
so sicher ist das ja nicht mit den 72 Jungfrauen

im Shopping Center Central Park
lautet die Devise: shop until you drop
das nimmt der eine oder andere wörtlich
*es soll Leute geben
die sich hier tagelang aufhalten*
sagt mir ein Teenager
und er scheint eines dieser Exemplare zu sein
ein aschfahles Nachtschattengewächs
dass die Sonne meidet
und den Verstand
zwischen Level 6 und 7 verloren hat
junge Menschen mit Kinski-Blick
beängstigend irr und mit Schaum vorm Maul
16 Etagen für die Glückseligkeit
mit Fangnetzen für den suizidbereiten Konsumenten

Kuala Lumpur – gebaut mit Hoffnungen und Träumen
und dann doch alles irgendwie in den Sand gesetzt
und der Sultan sitzt auf dem brokatbesetzen Thron
und furzt

chinese taxidrivers philosophy:

goberman bad
goberman much much money
Workmen no money
polis mafia much money
all Alibaba, ha ha
muslim crazy!
IS oh!
cut hand, must die slow!
muslim always Allah, Allah, for what?
one year – one time enough!

Penang das verlorene Paradies

Volker K. aus M. lässt Kimme blitzen
die Audienz in den Liegestühlen nimmt's gelassen
mehrere von uns machen Notizen
bei den wenigstens dürfte es sich um die Memoiren handeln
Kerstin oder Ute

oder wie sie heißen mag
blickt desillusioniert in die Landschaft
andere schreiben die Abenteuer der letzten Nacht auf
falls es welche gab
hier im *lost paradise*
wie das Etablissement heißt
was aber durchaus auch für den Ort an sich gelten könnte
missgelaunte Finninnen praktizieren Yoga
und ein Malayenpaar klebt an der Wand
sie ganz in Schwarz gehüllt
scheint mit dem Leben abgeschlossen
während er dummdreist gierig auf alles starrt
was nacktes Fleisch vermuten lässt
einem Amerikaner fällt das iPad ins Wasser
die philippinische Gattin verzieht die Lefze
(wieder ein paar Schuhe weniger für sie)
Dr. Chun beobachtet das Treiben ungerührt
dann rechnet er die Wocheneinnahmen durch und lächelt
ein Schwulenpaar übt unterdessen Handstand im Pool
während der Muezzin Allah um Hilfe anbettelt
bei all dem Sodom und Gomorrha, das hier so abgeht

gestern ringelte sich eine giftgrüne Natter um meinen Hals
aber sie war zu träge, um zuzubeißen
da geht es den Schlangen wie den Menschen

fehlt der Biss
ist das Scheitern nicht mehr weit
das dann aber auf ganzer Linie
vor Stunden in den Cameron Highlands
war für einen kurzen Moment der Geist klar
in der kühlen Sommerfrische der Engländer
beim afternoon tea
schien Denken noch möglich
heute verpufft alles
wie das Zigärrchen in meinem Mundwinkel
was schreiben die Leute da bloß alle?
irgendwelchen Schmarrn
den dann doch keiner liest
und wer von meinen Lesern
bis an diese Stelle kam
kriegt ein Bienchen ins Hausaufgabenheft
zu Hause im Büro brach ein Rohr
und die Drecksbrühe kam durch die Decke
direkt auf den Schreibtisch
wo sie auch hingehört
und ich hoffe, sie hat mal gründlich
den ganzen Mist weggespült
ich will das alles nicht hören
es verstellt mir mein inneres Blickfeld
und jetzt meldet sich Houellebecq

dass er noch lebt
denn die französische Polizei bewache ihn
das wurde Charlie Hebdo ja wohl auch
und ging bekanntlich gründlich in die Hose

Dr. Chun ist der Chef im verlor'nen Paradies
er schickt uns nach *Hollywood*
at the seaside for dinner

da riskiert man keinen zweiten Blick
und *Hollywood* hat zu
doch da ist ja noch das *Tsunami*
Eingang durch die KFZ-Werkstatt
das Essen ist gut
der Rest wurde wohl von der Welle zerstört
und seither nicht mehr hergerichtet
pünktlich um 8 beginnt um die Ecke die Sonntagspredigt
der Chinese verdreht die Augen
kein Wunder, dass die nichts zustande bringen, bei der Gebetsfrequenz, sagt er und und begrüßt den nächsten Gast
der Prediger klingt aggressiv
mit einem Hauch Maschinengewehr in der Stimme
er schreit es über Lautsprecher
damit es auch jeder Unfreiwillige hört

USE THE PARK AT YOUR OWN RISK!!! TOTENKOPF

wie bei Fidel oder·Kim
Indoktrinierung der Idioten
Propaganda als Mittel der Volksgängelung
auf Linie bringen heißt die Devise
wer ausschert ist morgen einen Kopf kürzer

das Paradies ist verloren
das ist klar
die Weltordnung entgleist zusehends
ich starre aufs Meer
dieses schwarze Etwas
das leise ans Ufer plätschert
und ein Gecko schaut vorbei
und ein Flughund grinst kopfüber zu mir rüber
der Rauch meiner Black Djarum
hängt schwer und süß in der Luft
nebenan wohnt ein Savong
und zeichnet die Welt in schwarz-weiß
und trotzdem steckt da mehr Farbe drin
als wir uns jemals vorstellen können
das ist die Welt wie er sie sieht
und der Rest ist ihm egal
ich wünschte, ich wär in einer Sache so gut wie er
dann könnte ich mir das Drumherum sparen
ich lausche den Wellen
wie sie ans Ufer schwappen

sanft, aber bestimmt
in einem immerwährenden Wuosch Wuosch
so fühlt sich doch Glück an?

um ein Haar hätte ich ein Liedchen angestimmt

Georgetown auf Penang
ist der richtige Ort
um dieses Werk zu vollenden
wenn es verstört
und auch ein bisschen betört
dann ist das Ziel erreicht
ich steckte Herz rein
und Seele
und verlor ein bisschen Verstand dabei
Wahnsinn ist für die Kunst
was Knoblauch für das Essen ist
Kreativität und mental illness gehen Hand in Hand
nicht dass es Voraussetzung für gute Kunst sei
aber es hilft durchaus
ohne meine Verquertheit
wäre ich ein Paddelboot ohne Ruder

wenn ich auf dem Wasser treibe
wie eine losgelöste Boje
dann sehe ich immer diesen schönen alten Baum
der mich an W. erinnert
stark und verwurzelt

verschlungen und etwas verknorpelt
trutzig gegen alle Widrigkeiten
und doch gegen oben hin
feingliedrig und empfindsam
biegsam und zart
frühlingshaft frisch und leicht
neuem Leben zugewandt
immer bereit zu wachsen
an sich selbst und anderen
bis in den Himmel hinein
endlos

und dann schaut ein Islamist vorbei
na der hat mir gerade noch gefehlt!
diese Versager, die es nicht geschafft haben
ein ehrbares Leben zu führen
das Rudel ist weitergezogen
und hat sie am Straßenrand steh'ngelassen
sie hätten den Daumen in den Wind halten
und das Richtige tun können
stattdessen schnall'n sie sich Kalaschnikows
und Sprengstoffgürtel um
und schreien Allah ist groß
wenn der groß wäre
hätte er seine Schäfchen besser im Griff
und würde solche Idioten

ins Umerziehungslager schicken
geführt von Lesben
ohne Kopftuch
und ohne Gnade
da könnt ihr noch was lernen
und mittags gibt's Eisbein
und a zünftige Maas Weißbier
und zum Dessert eine ordentliche Penetration
mit einem übergroßen Schwanz
und wer dann noch nicht geläutert ist
muss 1 Jahr als Volunteer
bei einem Satiremagazin arbeiten
das sollte helfen
Inschallah!

der Orgasmus von Schweinen dauert übrigens eine halbe Stunde lang

n.i.x. w.i.e. w.e.g. h.i.e.r.

Bangkok Füllhorn verschenkter Möglichkeiten

Stadt der (gefallenen) Engel
und räudigen Katzen mit abgeschnittenen Schwänzen
deine Hochhäuser verdrängen die kleinen Tempel

doch von dem alten Mist
will eh kaum einer mehr was wissen
nur auf den König
da lassen sie nichts kommen
auch wenn der langsam ausgedient hat
da versteht der Thai keinen Spaß
und am Patpong spicken die leichten Mädchen
noch immer Pingpong-Bälle aus ihren Muschis
auf dem Nachtmarkt derselbe Tinnef wie vor zehn Jahren
und auch die Frettchen in der Telefonbar
sind gewohnt knappbehost
und an uns marschiert alles, was in der Geisterbahn
Rang und Namen hat, vorbei
weil alle ein bisschen auf Liebe hoffen
und Zärtlichkeit
was sich dann doch nur als schlechter Sex entpuppt
mithilfe von Viagra
und bezahlt
aber scheiß drauf
der Bath ist noch immer nix wert
und alle wollen nochmal gelebt haben
die Nutten und Boys
und Ladyboys
und die unattraktiven Freier
die bei uns keinen Schlag mehr haben

bei Keiner und Keinem
und auch die Jungen wollen's wissen
wie es ist mit so einer Kindfrau
und wälzen das doppelte Gewicht
auf die Zarte drauf
und die Girls lächeln
weil das ihr Job ist
und auch ihre Art
und so wird in dieser Stadt alles Schlechte weggelächelt
während wir unsre Ente in rotem Curry löffeln
und überlegen
was wir heute noch abgreifen
in dieser Stadt
in der alles möglich scheint
und dann meistens doch nicht allzu viel passiert
und dann latschen wir über den Markt
wo die dummen Touristen falsche Rolex-Uhren kaufen
und die Dame ohne Welt einen Chanel-Handtäschchen-Fake
den ihnen der Zoll zu Hause wieder abnimmt
aber für zwei Wochen hatten sie mal was am Handgelenk
dass den Anschein macht
als seien sie wer
und ich gehe in den 7 Eleven
einfach weil ich den Klang der Türglocke so gern höre
der mich an Tropennächte

und bittersüße Abschiede erinnert
aus dieser Stadt
in der ich mehr Sex hatte
als in irgendeiner anderen
was so auch nicht stimmt
aber es ist schön dran zu glauben
das muss an der Leichtigkeit der Leute liegen
oder an ihrer Gabe, einem diese weiszumachen
oder an den Massagesalons
wo es nach Menthol und Jasmin duftet
von zu kalten Klimaanlagen verbreitet
ein Duft, der in deine Nase kriecht
während eine resolute Thailänderin
deine dicken westlichen Waden knetet
und Schmerz mit Schmerz bekämpft
erbarmungslos
innerlich zurückgezogen
bearbeitet sie den Westler
in einer Art Meditation
fast weggetreten
wie tretelnde Katzenbabys
an der Zitze der Katzenmutter
und von wo du dann mit eingerenktem Genick
leichtfüßig davonfederst
als seist du von einer tonnenschweren Last befreit worden

Bangkok mit deinem *Oriental*
wo Service diesen Namen noch verdient
mit deinen Tempeln und Palästen
aus Gold und Rubin

in denen Glöckchen verheißungsvoll
im Wind bimmeln und von einer Zeit berichten
als Siam noch groß und exotisch war
Moloch mit den Garküchen auf deinen Straßen
und der Khaosan Road

in der Ratten und Kakerlaken Reißaus nehmen
vor dem Geruch rastazöpfiger Backpacker mit
Hennatattoos
und Graskrümeln in den Schlabberhosen
Dreckstadt
moderne Metropole
siamesische Schönheit
anziehend und abstoßend zugleich
wer was vom Leben versteht
muss dich lieben

ich fasse mir in den Schritt
der erstaunlich feucht ist
(und ein paar Leser denken jetzt:
fängt das wieder an, muss das sein?)
ich lecke meine Finger ab

sie schmecken salzig frisch
wie gerade gepflückte Früchte
mit Salz und Chili
ich bin paarungsbereit
das erste Mal auf dieser Reise
bisher hatte die Libido eher geschwiegen
wenn nicht gar geschlafen
und ich hab sie schlafen lassen
aber Bangkok weckt auch Todgeweihte wieder auf
ob ihr Besitzer es will oder nicht
und irgendwie bin ich jetzt doch froh
dass da noch Leben ist
denn ich treffe K.
ein alter Liebhaber von vor 15 Jahren
wobei genaugenommen nur ich alt bin
er ist einfach 15 Jahre weniger jung
schöner, schweigsamer Siamese
den ich bereits in der Gosse wähnte
hat jetzt ein eigenes Restaurant und Frau und Kind
einer von uns hat alles richtig gemacht
und das bin nicht ich
die Überlegenheit des Abendländers
ist nur ein schlechter Scherz
ich dekoriere mich um
ich restauriere mich

um inneren Unsicherheiten
und äusseren Unklarheiten
entgegenzuwirken

Ich: *Ich kann mich gar nicht mehr an unseren Sex von damals erinnern*
K: *Ich auch nicht, probieren wir's aus?*

10 Minuten später:

K: *Tut mir leid, hatte lange keinen Sex mehr*
Ich: *Ach, macht doch nichts*
K: *Was denkst du grad, ganz ehrlich?*
Ich: *Dass ich mich gerade daran erinnert habe, wie der Sex immer war: genau so*
K: *Jetzt erinnere ich mich auch. Der schlechteste Sex deines Lebens*
Ich: *Nein, nicht der schlechteste … der zweitschlechteste*

der Hotelgang hat den Charme einer Irrenanstalt
und das Zimmer ist eine Freude jeder Hausfrau
aus den Siebzigern
hinter jeder Tür ein neuer Fall
der nicht aufgearbeitet oder gelöst wird
Maria schreibt aus Saint Louis
12 Stunden hinter Bangkok-Zeit
und Jahre vor meinem Alter

ich dachte gerade wie du schmecken würdest
wenn man eine Wurst aus dir machen würde
natürlich müsste man dich vorher kastrieren

wir erzählen uns von unseren Panikattacken
und er sagt, dass er keine Angst mehr hat
was ich schwer glauben kann
aber man kann's ja mal versuchen
er will mich besuchen
und Meeresfrüchte essen
im Februar in Zürich

und er sagt, dass er mich liebt
und ich frage mich
ob er das noch weiß
wenn er wieder nüchtern ist
und ich denke, ich fände das schön
weil ich ihn auch irgendwie liebe
auf eine tiefe, selbstverständliche Art
die Freunde verbindet
die sich nichts mehr vormachen müssen
und natürlich würde ich ihn
noch immer gern ficken
aber es ist genauso gut
wenn ich es nicht tue
also können wir das im Grunde überspringen
weil das nur wieder Schwulitäten mit sich bringt
und der Sex ist N. vorbehalten

und die romantische Liebe für W.
und auch der Gatte hat Platz in meinem Herzen
wenn auch nicht zwischen meinen Schenkeln
wofür er mir sehr dankbar ist
und Mami und Papi
und all die Tiere und Pflanzen
alle in diesem Herzen
das groß ist
und dessen Kapazitäten langsam knapp werden
und ich werde ein wenig sentimental
diese Stadt löst eigenartige Gefühle aus
hinter der Fassade lauert die Frappanz
und wenn ich vom 20. Stock auf die Stadt schaue
die sich in grau-dunstige Unendlichkeit ausdehnt
dann läuft mir ein kalter Schauer über den Rücken
und auch Wärme durch den Bauch
und Hitze durch die primären Geschlechtsteile
und ich denke: hier könnte die Reise eigentlich beginnen
aber sie ist in zwei Tagen zu Ende
und dann erwarten uns Nebelwände
und Temperaturen um die 8 Grad
der Schnee blieb drei Tage
dann kam die dreckig-gelbe Winterwiese
wieder zum Vorschein
und ab Montag heißt es die Zeit zu erfassen

punktgenau und korrekt
wie ein Schweizer Uhrwerk
dabei ist Zeit eine Erfindung des Menschen
und niemals fassbar
doch selbst der Gang zum Scheißhaus
wird heute dokumentiert
(ich weiß, was du letzten Sommer verkackt hast)
armselige Bürokratengängelei
holt euch doch einen runter
auf eure Zeiterfassungsformulare
und Excel-Tabellen
macht einen Lebensplan
den ihr nicht erfüllt
und trinkt Weißweinfusel aus dem Wallis
hier oben auf dem Dach über Bangkok
üben sich die Schwulen mit ihren Thaiboys
gerade in Synchronschwimmen
und das hat was Leichtes

Erfreuliches
dem Leben zugewandtes

und ich wünschte
dieser Zustand würde für immer anhalten

EPILOG

willkommen im Irrenhaus Leben
der Eintritt ist frei
die Show beginnt
hereinspaziert und Platz genommen
die Frau ohne Unterleib zeigt
wie's auch ohne geht
und unser Affe hat Physik studiert
riskier'n Sie 'nen Blick
der Wein ist süß
und die Damen sind drall
der Tangotänzer beglückt die Herren
raus aus dem Korsett
rein ins Flatterhemd

EINSATZ SCHALMEIEN

wechseln Sie von Audienz zu Akteur
das Kuriositätenkabinett ist geöffnet
weinen Sie, lassen Sie los
kosten Sie den Nektar
führen Sie sich auf
absurd ist nur

was nicht riskiert wird
Tragödie und Glück sind ein Paar
das Trapez hängt hoch
dem Himmel nah
der Absturz wird zum freien Fall
probier'n Sie's aus
Sie werden's lieben
lassen Sie sich gehen
zwischen prallen Schenkeln der Seiltänzerin
die Aufseher haben Ausgang
verrückt ist nur
wer nicht verrückt ist
schau'n Sie in den Spiegel
der Anblick muss nicht so bleiben
steigen Sie ein, in den Entfesselballon
machen Sie sich frei
der Ballastesel räumt hinter Ihnen auf
kommen Sie näher
treten Sie ein
Sie werden's nicht bereu'n
zu Hause wartet nur der Tod

Susann Klossek ist seit mehr als 25 Jahren als Autorin, Journalistin und Malerin unterwegs. 1966 in Leipzig geboren, absolvierte sie eine Ausbildung zum Wirtschaftskaufmann. Anschließend studierte sie Germanistik und Slawistik an der Universität Leipzig, wechselte nach dem Studium aber wieder in die Wirtschaft.

Im Zuge der Wende siedelte sie 1990 in die Schweiz über, wo sie die ersten acht Jahre Rohöldestillationsanlagen nach Russland verkaufte, später als freischaffende Malerin tätig war und schließlich in den Journalismus wechselte. Heute lebt und arbeitet sie in Zürich.

Von 2011-2013 war Klossek Gast-Gagschreiber für die Satiresendung Giacobbo/Müller auf SF1, Schweizer Fernsehen.

In den letzten 25 Jahren bereiste sie beruflich und privat mehr als 50 Länder und schrieb diverse Reportagen über ihre Reisen.

Unter dem Titel »Nachrichten aus dem beschädigten Ich« schreibt sie seit August 2010 einen Blog: **nichtsundwiedernichts.blogspot.ch/**

Ebenfalls im gONZoverlag erschienen:

Susann Klossek: Der letzte große Bluff. 51 Kurze

»Ihre Lyrik ist ehrlich, obszön und selbstironisch – der Duktus einer neuzeitlichen Kaschemmen-Lilly, die das (Über)leben trotzdem mit Stil zeichnet.«
Hartmuth Malorny

Susann Klossek: In mir ein Fluss. Langgedicht

Zwei Langgedichte wie ein Glas Rotwein – intensiv, berauschend, euphorisierend und leicht bitter im Abgang.

Fledermausland

Mit Texten von Susann Klossek, Jan Off, Kersten Flenter, Florian Vetsch, Jürgen Ploog, Matthias Penzel, Hollow Skai, Pablo Haller, Peter Frömmig, Hadayatullah Hübsch, Konstantin Wecker u. v. m.

»My dear,
I love this quote, it's one of my best, I should have used it for my last poetry book …
But I give it to you, with pleasure.
Take care,
Michel«